AF856430

Cachetadas a la Pobreza

Secretos para
Crear Libertad Financiera.

Escritor

Dr. Ramón Rodríguez Herrera

Jóvenes Escritores Latinos
#JEL
Creando activistas a través de las letras
info@editorialjel.org

Cachetadas a la pobreza
Secretos para Crear Libertad

Publicado por #JEL
Jóvenes Escritores Latinos
Producido por: Miriam Burbano
info@editorialjel.org
ISBN: 978-1-961083-63-9
Impreso en los Estados Unidos

Para contactar al Escritor, Dr. Ramón Rodríguez Herrera.
E-mail: rr2020@msn.com

Agradecimientos

Este libro quiero dedicarlo a mi Creador, Dios, por darme las fuerzas necesarias para seguir adelante en tiempos difíciles y por alejarme de las personas que no deben estar en mi vida. Gracias a Dios por suplir salud, paz mental, física y emocional a mi vida y por darme la oportunidad de amar y ser correspondido. Gracias, mi Dios, por estar siempre a mi lado y hacer milagros en mi vida.

A través de mi vida, Dios me ha quitado, personas que solo Él sabe por qué lo hizo, pero aprendí que en esta vida hay que vivir para nuestro Creador, ya que Él suple, nos da mucho y nos lleva a lugares que nunca pensamos estar. De Él aprendí que tanto se puede vivir en la escasez como en la abundancia.

Gracias le doy a mi Creador por quitar de mi vida a personas que Él no quería que estuvieran en ella, pero también le agradezco a cada una de las personas que se fueron, porque de ellas aprendí a quererme más y a dedicar más tiempo a mi vida con Dios. Gracias a todas aquellas personas que han sido parte de mi vida y han traído alegría, confianza, amor, apoyo y armonía.

A todas esas personas que quieren cambiar sus vidas para vivirlas felices, prósperas y llenas de alegría, a ustedes, mis seguidores, que sin importar en qué país se encuentren, me brindan su apoyo, oraciones y buenas energías, les agradezco, porque me motivan cada día a dar lo mejor en cada programa.

Yo descubrí el amor cuando conocí a Dios, y la verdad es que todas mis cargas son más fáciles porque mi Creador las sostiene. Recuerde que una persona que ora es una persona bendecida.

De la misma manera, quiero expresar mi más profundo agradecimiento a mi tío Genaro Herrera y su esposa, Ludy Herrera. Sin ellos, no habría logrado todo lo que he conseguido en los Estados Unidos. Gracias a su generosidad, toda nuestra familia tuvo la oportunidad de venir a este país, y hoy, después de 34 años aquí, puedo decir que la vida me ha tratado muy bien.

Por mi tío he viajado mucho, completé dos maestrías y tuve el privilegio de estudiar en la Universidad de Harvard. Gracias a su apoyo, pude escribir y publicar varios libros. Pero, más allá de los logros, lo que más valoro es su cariño incondicional. En mis momentos más difíciles, él y su esposa siempre estuvieron ahí. Lo quiero como a un padre, y a Ludy la amo y admiro por ser una gran esposa, madre y amiga para todos nosotros.

Los quiero con todo mi corazón y les deseo infinitas bendiciones hoy y siempre.

También quiero agradecer de manera especial a Minerva Herrera, quien fue como una segunda madre para mí. Cuando fui a estudiar a la capital, ella me abrió las puertas de su casa y me acogió durante dos años. Fueron tiempos de felicidad y de grandes historias. Su apoyo fue fundamental en mi carrera en la hotelería, pues gracias a ella di mis primeros pasos en esta industria en mi país.

Minerva, tú sabes cuánto te quiero, a ti y a tus hijas, por todo el amor que me dieron. Te deseo todas las bendiciones del mundo.

A ti, Nelci Miguel Valdez Alejandro:

Gracias por llegar a mi vida y por estar siempre presente en mis proyectos, especialmente en mis libros, los cuales tú me inspiraste a escribir.

Te quiero muchísimo y sabes que siempre estaré a tu lado, porque así lo quiso Dios. Personas como tú hay muy pocas en el mundo: en quienes se puede confiar y con quienes se puede compartir la vida Eres, y siempre serás, una parte muy importante de mi historia.

Con todo mi corazón y mi alma, **te amo un montón**.

La pobreza no la crea la gente pobre; la crea usted con sus pensamientos.

Dr. Ramón Rodríguez Herrera

NADIE
LE GANA
A DIOS
DANDO

ÍNDICE

Cachetadas a la Pobreza

Cachetadas a la Pobreza

Introducción

Muchas veces tenemos la oportunidad de vivir como queramos, y eso depende de cómo elegimos vivir y con quién vivir. Sin embargo, el poder de la mente humana nos ha demostrado que, con nuestra visión, podemos adquirir todo lo que nos proponemos y mantenernos cada día más felices. Pero siempre ha sido una opción individual, y por eso cada persona es diferente en todo. No hay otra persona igual a ti, ni siquiera alguien que tenga los mismos rasgos que tú. Eres un ser irrepetible, que no se puede duplicar, ni tampoco nadie puede ser como tú, porque Dios te hizo único(a) e irrepetible. Eres una creación perfecta de Dios, y cada día tienes la oportunidad de elegir lo que quieras: con quién compartir tu vida, qué estudiar, dónde trabajar, qué comer y qué decisiones tomar diariamente. Nadie te obliga a hacer lo que no quieres; tú eliges todo lo que deseas y, en consecuencia, lo que te suceda en la vida.

Muchas personas se pasan los días amargadas y maldiciendo sus vidas; eso fue lo que ellas eligieron y decidieron para sí mismas, y hoy están viviendo las consecuencias. Otros se la pasan hablando de los demás, mientras que algunos se enfocan en cómo prosperar en todas las áreas. No importa lo que elijas, tú tienes el derecho y la opción de vivir como quieras. Recuerdo cuando estudiaba en la universidad que muchos me decían que por qué trabajaba en banquetes. Yo les decía que quería experiencia, pero para ellos era como si me estuviera rebajando. Siempre quise estar involucrado en mi carrera, y mientras yo adquiría experiencia, mis compañeros solo se dedicaban a estudiar. Cuando llegué a Estados Unidos, esa experiencia me llevó, en poco tiempo, a ser supervisor de banquetes. Cada quien debe elegir lo que cree que lo llevará al éxito. No puedes dejarte influenciar por personas que piensan que el éxito es algo pasajero y que no todo el mundo puede alcanzarlo.

Usted nació para triunfar, para llegar a donde nadie ha llegado. Sin embargo, muchas personas influyen tanto en el éxito como en el fracaso de los demás. Muchas personas no logran alcanzar el éxito porque sus padres influyeron en su manera de pensar, impidiéndoles desarrollar una mentalidad de millonario. Otros no lo alcanzan porque sus compañeros no aportaban nada para ayudarles a lograr sus metas, y, en muchos casos, hasta su propia pareja no tiene la capacidad mental que usted tiene para crecer y llegar al éxito. Muchos padres se encargan de robar y matar los sueños de sus hijos cuando les dicen: *"Tú no vas a lograr nada", "eres un inútil", "nunca llegarás a nada", "serás un parásito"*. Frases como estas, y muchas otras, las hemos escuchado de boca de padres que, sin darse cuenta, marcan el destino de sus hijos. Lo que muchos no saben es que una sola palabra puede determinar el éxito o el fracaso de un niño.

La palabra tiene poder, y usted, como padre o madre, amigo, compañero de trabajo, esposo o esposa, novio o novia, hermano o hermana, debe tener mucho cuidado con lo que dice y cómo lo dice, ya que una palabra malintencionada puede destruir una relación familiar, de pareja, de amistad o de trabajo. Usted tiene el poder de llegar al corazón de cada persona y de hacer que los demás valoren la persona que proyecta a través de palabras positivas.

Cada día vemos personas que se levantan y comienzan a decir: *"Hoy va a ser un día muy difícil", "hoy no quiero ni salir de casa", "la verdad es que amanecí aburrido(a)", "no quiero salir"*. Es decir, comienzan el día con una negatividad que los mantiene presos en sus propios pensamientos. Usted elige cómo quiere que sea su día, elige con quién quiere estar cada día y hasta qué quiere comer. Tiene la libertad de elegir todo lo que desee. La vida es como un menú en el que usted es la única persona que puede escoger qué quiere estudiar, con quién se quiere casar, quiénes serán sus amigos, a qué parte del mundo quiere viajar, qué trabajo quiere realizar, a qué hora se quiere levantar y qué quiere hacer en sus días libres. ¿Lo ve? Tiene un menú de posibilidades donde puede elegir lo que quiera y cómo lo quiera. Así de simple es la vida: le da la oportunidad de hacer lo que desee y cuando lo desee.

Conocí a una joven con quien tuve la oportunidad de viajar a París. Yo ya había visitado esta ciudad antes, pero para ella fue la primera vez. Cada día que pasaba, le fascinaba más y más.

Un día dijo: *"Me encanta esta ciudad, tengo que vivir aquí"*. Muchos se rieron, pero yo le respondí: *¿Y por qué no?*. Dos años después, conoció a un joven de quien se enamoró. Sin embargo, él nunca le dijo dónde vivía. Un día, el joven le dijo: No sé si quieras vivir conmigo, pero me gustaría que te fueras al país donde resido. Ella, un poco asustada, le preguntó: ¿Y dónde vives?. Él respondió: "En París". Ella no lo podía creer, ya que siempre había soñado con vivir en esa ciudad. Su respuesta fue inmediata: ¡Es la ciudad donde siempre he querido vivir!. Después de completar su documentación, se mudó a París. En uno de mis viajes nos encontramos, tomamos champán con unos aperitivos, me ayudó a visitar algunos lugares de compras y, la verdad, la vi muy feliz. Me dijo: "La verdad es que soy feliz, ya entiendo y hasta puedo hablar francés". Todo lo que piensas, lo puedes lograr, ya sea bueno o malo. Si comienzas a maldecir el día, así te irá. Si comienzas a bendecirlo, así te irá. Por eso, el poder de la mente es inmenso y te puede llevar a lograr lo que deseas. Tu palabra y tu fe pueden llevarte a lugares que nunca imaginaste.

Imaginemos que quieres un carro y comienzas a decir que es muy caro, que nunca lo vas a obtener porque no tienes las posibilidades de adquirirlo. El universo, Dios, la energía o como quieras llamarlo te escuchará, y eso será lo que obtendrás. Ahora supongamos que decides cambiar tu mentalidad. Te enfocas en el tipo de carro que deseas y visualizas la marca, el color y el tamaño. Cada día piensas en que lo vas a comprar, aunque no tengas dinero en ese momento. Sin embargo, has sembrado en tu mente esa semilla de positivismo y determinación. Admiras el carro de tu vecino porque siempre ha sido el auto de tus sueños. De pronto, un día, tu vecino toca a tu puerta y te dice: "Hola, ¿cómo estás? Espero que estés muy bien. Hace seis meses compré mi carro, pero me voy del país porque tengo una excelente oportunidad de trabajo. Mi carro está completamente pagado, pero como estaré fuera por muchos años, no quiero dejarlo abandonado. Durante todo este tiempo, siempre me has ayudado con mis hijos y te has preocupado por nosotros. Por eso, me gustaría regalártelo, ya que no lo usaré". ¡Imagínate tu sorpresa al escuchar esas palabras! Simplemente por haber puesto en tu mente que querías un carro, el universo conspiró a tu favor. Así es el poder de Dios: lo que piensas de manera positiva, muchas veces lo obtendrás sin esfuerzo.

Vamos a pensar diferente y no permitir que nada ni nadie te robe tus sueños ni tu felicidad. Naciste para triunfar, naciste para ser feliz, naciste para alcanzar tus sueños, naciste para ser lo que quieras ser. Tú eres el o la diseñador(a) de tu vida, de tu presente y de tu futuro. Lo que eliges y lo que haces harán de tu vida un triunfo o te pueden llevar al fracaso.

Lo que haces y lo que dices puede tener un impacto positivo o negativo en tu vida y en la de los demás. Llegó tu tiempo de encontrar ese millonario(a) que hay dentro de ti, el cual estuvo dormido. Ya es tiempo de despertar la prosperidad y la libertad financiera que te pertenece. Desde hoy, tu vida cambiará para bien y para alcanzar los éxitos que por derecho te tocan como herencia del universo. Hoy es tu día, hoy pueden suceder cosas maravillosas, hoy puede llegar el gran amor de tu vida, hoy puede que consigas el trabajo de tus sueños, hoy comienzas a planificar tus vacaciones, hoy puedes encontrar a alguien que descubra tu talento, hoy puede ser el gran día si decides que así será.

Todo está como lo colocas en tu mente y, sobre todo, tener visión. En la Biblia, en Habacuc 2:3, nos dice que Dios procedió a responderme y a decir: "Escribe la visión y ponla claramente sobre tablas, para que el que la lea, de ella en voz alta, lo haga con afluencia. Porque la visión es todavía para el tiempo señalado y sigue jadeando hasta el fin, y no mentirá. Aunque tarde, mantente en expectación de ella; porque sin falta se realizará. No llegará tarde". Este versículo nos dice claramente que escribas tu visión y que tengas fe, y verás que llegará. Así es la vida; muchas veces, inconscientemente piensas en algo y se realiza, y no te das cuenta de que eso que pensaste era tu visión. Comienza hoy a engrandecer tu visión. Aunque naciste pobre, no quiere decir que morirás pobre. Debes elegir que pronto todo estará bien, y que eres la obra más perfecta de nuestro creador, que está esperando que pidas para darte lo que te pertenece.

Yo siempre, cuando veo a alguien, le doy refuerzos positivos, como ¡Me encanta tu corbata!, Ese color de pelo te queda fabuloso, ¡Me encantan tus zapatos!. Muchas personas no le dan nada positivo a otras; sin embargo, cuando hablas de cosas positivas, siempre te respetarán y todos querrán estar contigo. Cuida tus palabras.

Ahora bien, cuando alguien le habla de otras personas o cuando vienen a contarle un chisme, la verdad es que usted está malgastando su tiempo en los demás. Enfóquese en usted porque la vida es muy corta y la muerte es eterna. Cuando usted se enfoca en usted, vive con la mente desocupada y feliz. Mi familia sabe que a mí no me gusta que me cuenten la vida de nadie, porque todos hacen con sus vidas lo que ellos quieren hacer. Yo nunca voy a cambiar a nadie ni tampoco les voy a opinar a nadie. Todos los días me enfoco en las cosas que yo puedo hacer para mí y mantenerme feliz siempre, porque cada día elijo hacer lo que quiero y esto hace que mi vida no tenga estrés ni tampoco problemas. Los problemas de los demás ni los quiero saber ni me interesan. A mí nadie me paga para escuchar problemas y chismes, eso no deja dinero. Mi enfoque siempre es hacer cosas que me ayuden a vivir mejor cada día y que mi mente se encuentre en un estado de paz mental, física y emocional. La paz mental no tiene precio y me alejo de todo lo negativo y de las cosas que no son importantes para mí.

Usted viva su vida y enfóquese en usted. Los problemas de los demás lo único que harán es darle a usted estrés y desenfocarlo.

Recuerda que Nadie le Gana a Dios Dando.

Capítulo 1

Vive tu vida en Constante Agradecimiento

Cachetadas a la Pobreza

Muchas personas viven como si les estuvieran pagando un sueldo para que hagan que los demás no alcancen sus sueños. Otras se la pasan criticando sin saber el estado emocional, económico, sentimental de cada persona. Por ejemplo, existen personas a las que tú les dices que quieres comprar una casa y lo primero que te dicen es: Pero ¿cómo vas a hacer para pagarla? Una casa es muy cara y tiene muchos compromisos. Yo, fuera de ti, no la compraría porque después te vas a endeudar. Esas personas son tóxicas en tu vida porque no te motivan a lograr tus sueños.

Siempre encontramos diferentes tipos de personas en el camino de nuestras vidas, pero las más frecuentes son las personas pobres de mente. Sí, pobres de mente, esas personas que piensan que solo los ricos pueden y ellos no. A través de la historia hemos visto cómo personas han salido de una pobreza paupérrima y hoy día son las personas más ricas del mundo. ¿Y se ha preguntado cómo puedo yo obtener lo que quiero? Les enseñaré algunas técnicas que usted debe aplicar a su diario vivir para lograr el potencial que usted se merece. Usted se merece ser feliz, próspero(a), abundante, saludable y bendecido(a).

He visto muchas personas decir que no pueden, otras que eso no es para mí, otras que yo nunca lo voy a alcanzar. No hay nada caro ni nada que usted no pueda lograr, lo que pasa es que su conciencia es pobre. Cuando comienzas a ser agradecido en la vida, obtendrás más de lo que crees que te puedas tocar. El agradecimiento es la clave para obtener lo que quieres y como lo quieres. Las personas que se enfocan en dar gracias por todo son las personas que más reciben. Un día recuerdo que mi cuenta estaba en menos 4 dólares. Me arrodillé y dije: Soy, como dice la Biblia, tanto se vive en la escasez como en la abundancia. La verdad es que no le di mente porque muchas personas me debían dinero y sabía que alguien me iba a pagar esa semana. Dos horas después, mi amiga me envió dos mil dólares que me debía, y cuatro horas más tarde otra amiga me envió cuatro mil dólares. Al otro día, otra amiga me envió mil dólares más. O sea, en menos de 24 horas tenía 7 mil dólares.

Siempre cuando me levanto, lo primero que hago es orar, después tomo un baño, luego me siento a tomar café y decreto cómo quiero que me vaya el día mientras tomo mi café. Este ritual lo hago todos los días. Es tanto así que no prendo mi celular hasta no programar mi día y hasta no terminar de orar. Antes de abrir los ojos, comienzo a darle gracias a Dios por este día, ya que muchas personas no amanecieron vivos. Después doy gracias por mi familia, mis amigos, mis compañeros de trabajo, por mi relación y hasta doy gracias por mis enemigos, que no sé quiénes son, pero siempre están pendientes de que no triunfemos y algunos de que fracasemos. Doy gracias por la cama donde duermo, por los alimentos, por el agua que me baña, por mi ropa, por la salud, por la respiración... O sea, todo el día, doy gracias a Dios por suplir todo el día con tantas cosas maravillosas.

Cuando me siento en una mesa y hay personas que no oran, trato de hacer una pausa y dar gracias, lo hago discretamente. Siempre doy gracias por los alimentos; muchas personas no tienen, quizás, lo que tú posees en cuanto a un hogar, alimentos, transporte, familia y muchas cosas más. Dar gracias es lo mejor que te puede suceder porque creas abundancia y prosperidad en tu vida. Yo doy gracias hasta porque no me invitan a un evento, doy gracias por la lluvia, me quedo en casa y veo lo bella que es la naturaleza. Yo doy gracias hasta por las personas que se fueron de mi vida, porque si Dios me las quitó es porque algo bueno y maravilloso se acerca a mi vida. Recuerdan donde dice en la Biblia, en Mateo 4:25, donde dice: "Porque al que tiene, se le dará más, pero al que no tiene, aun lo que tiene, se le quitará". Imaginen que si usted a este versículo le coloca la palabra, gracias: "Porque el que tiende a dar las gracias, se le dará más, pero al que no da las gracias, carecerá y se le quitará".

Todo el día es importante dar las gracias, hasta por un evento que se canceló, un viaje que no se realizó, una fiesta que se canceló a última hora, ya que en los mismos quizás te hubiese sucedido una tragedia y por dar las gracias no te pasó nada. Hay personas que, desde que se levantan, dicen: Este día está tan pesado, odio los domingos. O sea, ¿usted odia algunos días de la semana cuando cada día es una bendición de vida? Usted es el fruto de la creación divina de Dios y, por ende, cada día debe dar gracias a Dios porque amaneció saludable, para que lleguen buenas noticias a su vida, para encontrar el empleo de sus sueños, para encontrar el amor de su vida. Así de simple suceden las cosas cuando da las gracias. Una persona que agradece lo poco y lo mucho será una persona siempre bendecida.

Recuerdo que había una lista de espera para comprar apartamentos donde quería vivir en Nueva York. El día que me llamaron, me dijeron: Tenemos un apartamento disponible, comenzaremos a repararlo y se tomará un mes. Dije dentro de mí: Dios mío, en estos momentos tan difíciles, ¿de dónde sacaré ese dinero? No se podía tomar préstamo para comprar el apartamento; debía tener el dinero en efectivo para llevar los cheques. Días después, fui a verlo para darle el sí de que quería vivir en ese piso. Comencé a dar las gracias porque me llamaron. Siempre que me sucede algo bueno o malo, descorcho una botella de vino, levanto la copa y doy gracias por todo. Ese día le di las gracias a Dios porque no tenía el dinero. Pasaron tres días y me llegó una carta de mi plan de jubilación donde me explicaba cuánto dinero tenía. Inmediatamente, llamé a mi banco y les dije que si podía sacar parte del dinero. Me dijeron que sí, pero que tenía que pagar impuestos. Ese mismo día, tomé la decisión de sacar parte del dinero y me dijeron: Su dinero le llegará en 5 días.

Dr. Ramón Rodríguez Herrera

De nuevo, descorche una botella de vino, levanté mi copa y di las gracias. Ese mismo día, en la noche, recibí una llamada de mi primo para invitarme al cumpleaños de su hijo y estuvimos hablando por un rato. Le conté sobre mi apartamento, y él me preguntó: ¿Tienes el dinero? Le respondí: Parte, pero tengo que buscar más. Me dijo: Recuerda que yo trabajo en un banco y te puedo ayudar. Ven mañana a ver lo que hacemos. Al otro día, llené todo lo necesario para un préstamo, el cual tenía muy bajos intereses. 24 horas después, recibí una llamada del banco diciéndome que mi préstamo fue aprobado. Todo esto sucedió en muy poco tiempo y me dio la oportunidad de conseguir todo el dinero. Luego tenía dos propiedades en mi país y, en menos de un mes, las vendí. Traje el dinero a Nueva York para completar la cantidad. Pude reunir el dinero en menos de un mes, gracias a Dios. Mi apartamento me lo entregaron un mes después de haber obtenido el dinero. Aunque no tenía el dinero, nunca dejé de dar las gracias porque no lo tenía, pero Dios hizo todo para que lo obtuviera.

Muchas personas piensan que se merecen todo. Sí, te mereces todo cuando eres una persona agradecida. ¿Te has puesto a pensar por qué a algunas personas les va muy bien y a otras les va muy mal? El secreto está en que una persona que agradece hasta un vaso de agua siempre Dios le suplirá en abundancia. Sin embargo, cuando una persona no agradece, es una persona que nunca llegará a obtener lo que quiere, porque se encontrará con muchos obstáculos que no le permitirán crecer ni obtener lo que desea.

Cuando somos agradecidos por algo o por cualquier motivo, es importante dar un regalo de agradecimiento a la persona que nos hizo un favor o nos ayudó con algo. Muchas personas hacen favores y nunca agradecen, pero siempre es bueno dar un regalo por tan digno favor que nos hicieron. No solo debemos agradecer a Dios, sino también a las personas que vienen a nuestras vidas y nos ayudan a lograr cosas que queríamos. A esas personas les llamo ángeles terrestres.

Es importante agradecer a alguien con un regalo, eso se llama ser agradecido(a). En ocasiones, cuando usted da un regalo, debe escribir una tarjeta dando las gracias, y la misma debe ser escrita a mano. No envíe un email dando las gracias; el mismo no tiene el poder de una tarjeta que usted compró y escribió a mano. Cuando da un regalo y escribe una tarjeta de agradecimiento, se verá como una persona que tiene modales y que es agradecida. Un regalo para un cumpleaños, boda, bautizo, graduación, por una promoción, por una nueva casa, por la amistad… un regalo, no importa la ocasión, debe siempre estar acompañado de una tarjeta de gracias. Usted no tiene que gastar mucho dinero para mostrar agradecimiento. El solo hecho de ser una persona detallista lo coloca en ser una persona agradecida. Hay regalos que cuestan menos de $25 dólares y siempre serán bienvenidos, como flores, una botella de vino, velas, un buen café, galletas, dulces... en fin, el detalle es lo que hace la diferencia cuando tenga que dar las gracias.

Siempre es importante ser expresivo y hacerle ver a los demás que usted es una persona agradecida. He visto personas que han recibido regalos y nunca dan las gracias, solo dicen déjame ver, está muy lindo, me gustó, y nunca les sale la palabra gracias. Es por esto que la persona que lo da se siente ofendida por no recibir las gracias y opta, en muchos casos, por no volver a regalar más a esa persona que recibió el regalo por no dar las gracias. Dar las gracias es símbolo de educación y cortesía. En ocasiones, hay eventos en los que los anfitriones deben dar las gracias y deben enviar una tarjeta dándoles las gracias a sus invitados, como por ejemplo después de una boda, reunión, o cualquier evento que lo amerite. Usted también, como invitado, debe enviar una tarjeta de agradecimiento a los anfitriones por haberlo invitado al evento al que asistió. No hay que esperar un cumpleaños, un evento o que suceda algo para dar las gracias.

En muchas relaciones de pareja, por estar en una relación, no son muy dadas a dar las gracias. Si una de las dos partes hizo una buena cena, hay personas que no dan las gracias. También, cuando una de las partes invita a una cena, un viaje, o da un regalo, ellos piensan que por estar en una relación no hay que ser tan expresivos y dar las gracias. En las relaciones es muy importante hacerle ver a tu pareja que eres agradecido(a). Esto hace que la relación sea más saludable y perdure. Hay personas que se ríen cuando les digo que, si terminó el acto sexual, dígale a su pareja gracias, amor, por hacerme tan feliz, gracias, amor, por este momento tan mágico. Se les hace difícil decir gracias, pero es importante dar una retroalimentación positiva para que la otra persona se sienta validada y que usted agradece lo que hizo por usted.

Mientras te mantengas dando las gracias por todo, tendrás más en la vida, pero mientras dejes de agradecer todo lo que tienes y lo que no tienes, vivirás siempre en necesidad. Si usted agradece, tendrá más; si usted no agradece, tendrá menos de lo que tiene y también se le quitará lo que tiene por no agradecer. Conozco a una joven que, cuando llegó a los Estados Unidos, quería tener dinero para inyectarse las piernas porque ella siempre se quejaba de que sus piernas eran muy flacas. Siempre utilizaba vestidos largos y pantalones anchos para que nadie pudiera ver sus piernas. Todo el día era quejas y quejas sobre sus piernas, y hasta complejos tenía. Tenía dos trabajos porque su objetivo era tener piernas para poder lucirlas. Pasó el tiempo y ya le quedaba poco para reunir el dinero que ella necesitaba. Sus quejas eran tan constantes que ya en su trabajo, sus familiares y amigos no aguantaba más las quejas de sus piernas.

En un viaje a su país, un día de lluvia, ella salió al patio a una parte donde quería ver la lluvia y caminó descalza por la orilla de la casa. Entre brisas y lluvia, en un momento se desprendió un tendido eléctrico que ella no vio, y cuando estuvo cerca de ese lugar, el cortocircuito la tumbó. Inmediatamente, ella gritó y fue llevada a un hospital donde fue atendida. Al día siguiente, los doctores le dieron la noticia de que iba a quedar inválida. Entre gritos y depresión, solo decía:

"Perdón, mi Dios, siempre quise tener piernas y ahora veo el valor de mis piernas, perdóname, Señor, por quejarme tanto y ser tan malagradecida de lo que me diste". ¿Escucharon bien lo que dijo? Por ser malagradecida. Con el tiempo, ella comenzó a orar y a agradecer por todo. Su hermano buscó un centro de terapia para ver si ella podía caminar. El tiempo pasaba y era como si las terapias no ayudaran en nada, pero la joven nunca paraba de orar y de agradecer, y aunque no podía caminar, aprendió a amar sus piernas. Un día, estaba sentada y sus piernas comenzaron a sentir una pequeña corriente, pero no le dio importancia, hasta que se lo dijo a su hermano. Cuando su hermano llamó al doctor, él le dijo que eso era un buen síntoma.

Las terapias continuaban hasta que un día se paró y comenzó a dar sus primeros pasos. Con el tiempo, las terapias le ayudaron mucho y la joven logró poder caminar, algo que se veía imposible ante los humanos, pero ante Dios se veía fácil. La joven, desde que comenzó a caminar, siempre le agradecía a Dios por sus piernas y nunca trató de inyectárselas. Al contrario, comenzó a utilizar faldas más cortas y a mostrar que ella era bendecida y que sus piernas valían más que mostrarle a la gente que ella podía tener piernas más formadas.

Hoy día ella vive feliz y agradecida de que puede caminar, puede correr, puede saltar. Esto nos quiere decir que agradecer es tan poderoso que puede hacer milagros en nuestras vidas. Cuando agradeces es como decirle a Dios que lo que hace por ti, tú lo valoras. Además, cuando agradeces a los demás por cualquier motivo, las personas ven que tienes educación y que tienes respeto por lo que haces y por lo que quieres.

En ocasiones vemos personas que siempre están tristes y nunca se levantan con esa energía, y eso se debe a que no agradecen ni lo poco ni lo mucho. Agradecer es la clave del éxito y te da esa paz mental que necesitas. Comienza el hábito de agradecer y, con el tiempo, serás adicto(a) a los agradecimientos.

La gratitud es considerada una fortaleza y está estrechamente relacionada con las emociones positivas, con tus emociones, el optimismo, la percepción de felicidad y prosperidad. La gratitud es un estado emocional positivo que te da felicidad y que se experimenta cuando recibes algo de forma desinteresada y también de la persona que lo da. No tiene por qué ser algo tangible, también puede ser intangible y sencillo, como, sentirse afortunado por poder dar, estar con alguien que aprecias, un paseo por la mañana, un abrazo, un regalo o apreciar una puesta de sol desde nuestra ventana, compartir con amigos y familiares y compartir con la persona que amas. La gratitud se basa, por un lado, en el hecho de reconocer que los demás han hecho algo por nosotros, pero también en saber apreciar las pequeñas cosas que forman parte de nuestra vida y siempre utilizar el gesto más preciado al utilizar la palabra gracias.

Beneficios de la Gratitud

Cuando eres una persona agradecida, la gratitud nos aporta una serie de beneficios como:

- Siempre serás una persona más saludable, bendecida, feliz y próspera porque eres una persona agradecida y, sobre todo, oras mucho. Esto hace que estés enviando una energía positiva a tu cuerpo, a tu mente, a tu alma y a tu vida.

- Pensar con gratitud nos ayuda a descubrir los aspectos de crear en nuestra mente una vida sana, viva, saludable, feliz y de dar un giro positivo en la vida en todas las áreas que te mereces.

- Ser agradecido reduce las personas tóxicas y también las aleja, especialmente las que te rodean y las emociones negativas que otras personas desprenden..

- La gratitud, aunque no lo creas, refuerza nuestra autoestima, nuestra felicidad, nuestros éxitos, nuestros triunfos y nuestras alegrías.

- La gratitud nos ayuda cada día a afrontar mejor la ansiedad, el estrés, los momentos incómodos y la falta de motivación.

- La gratitud puede ayudar a fortalecer muchas cosas, especialmente las relaciones personales, relaciones de pareja, relaciones de trabajo y, ¿por qué no?, a reforzar el amor.

Usted debe practicar la gratitud, ya que las

personas que lo hacen afrontan la vida con una actitud positiva y con gran capacidad de resiliencia. Además, la gratitud es un gran aliado contra el pesimismo, ya que las personas agradecidas se centran principalmente en lo bueno, en lo positivo y emprendedor que tienen y que les rodea, minimizando de esa manera otras emociones menos positivas como la amargura, la depresión o la rabia, y aumentando nuestro bienestar, haciendo que nos sintamos mejor, más felices y satisfechos cada día. Además, la gratitud nos mantiene en el momento presente, en el "aquí y ahora", ayudándonos a asumir que las cosas sean de una manera feliz y también evitando que nos quedemos anclados, lamentándonos por cosas del pasado. De esta forma, ocupando nuestra mente en aquello por lo que estar "agradecidos", disfrutamos más del momento y de la vida.

La gratitud también nos ayuda a crear nuevos vínculos sociales y a fortalecer los que ya tenemos. Las personas que practican la gratitud tienden a expresar estos sentimientos a otras personas, lo que les hace sentirse más felices, contagiando a las personas de su entorno, especialmente a sus parejas, y esa felicidad se transmite por la actitud, el positivismo y la gratitud. A todos nos gusta que nos den las gracias y tendemos a desarrollar mayor simpatía, empatía y agrado hacia las personas agradecidas.

En general, no le solemos dar importancia al acto de agradecer y tendemos a centrar nuestra atención en aquellas cosas de las que carecemos, olvidándonos del valor que tiene todo lo que nos rodea.

Para que la gratitud sea posible, es necesario que se den las siguientes formas:

- Tenemos que dar siempre mucha importancia o valor a lo que tenemos, porque Dios nos ha dado la bendición de obtener lo que queremos o hemos recibido, ya que todo lo que recibimos es porque Dios lo ha puesto en nuestro camino.

- Se debe percibir aquello que hemos recibido de parte de un amigo, una pareja, un familiar o un compañero de trabajo como un regalo, es decir, algo gratuito y desinteresado que esa persona nos da para alegrarnos la vida

- Es necesario que reconozcamos a quienes lo han hecho todo posible en nuestras vidas, no importa quién sea. Ese reconocimiento también puede ser hacia nosotros mismos, por cómo somos, por nuestro esfuerzo y por las cosas que hemos conseguido con ello.

Si habitualmente te cuesta agradecer, te propongo algunas ideas con las que puedes empezar a practicar la gratitud y cada día será como un ejercicio para tus músculos de agradecimiento.

- Tomar lápiz y papel y escribir un diario de gratitud te ayudará a reconocer las cosas positivas que llegan a tu vida y las que se van también.

- Elige un momento tranquilo del día, el que tú elijas, para poder reflexionar, preferentemente antes de ir a dormir o cuando te despiertas, y escribe todo lo positivo que te sucedió ese día.

- Piensa siempre en cosas positivas que te hayan ocurrido durante el día y por las que estés agradecido en ese momento, y anótalas en tu diario. De esa forma, podrás finalizar el día con una emoción positiva de agradecimiento. Puedes pensar en las personas que te quieren o en las cosas que haces bien para ti o para los demás, en los regalos que recibiste y, ¿por qué no?, porque ese día fue el día de tu pago en el trabajo. No se trata de pensar solo en grandes acontecimientos; también pueden ser cosas sencillas, como un mensaje en tu móvil de alguien cercano o de tu pareja que te dijo te amo, algo que te ha hecho sonreír o por recibir un abrazo de alguien querido. Si no tienes tiempo para hacerlo todos los días, puedes hacerlo dos o tres veces por semana, pero debes empezar a hacerlo. Ya verás los resultados.

Debes de tener siempre sentimientos de gratitud todos los días.

Si no tienes mucho tiempo para escribir un diario de gratitud, otra opción es aprovechar esos tiempos muertos en el transporte público, en un avión o en el vehículo donde vas de vuelta a casa para pensar en tres cosas gratas que te hayan pasado. Lo importante es que encuentres un momento tranquilo contigo mismo e inicies un diálogo interno en el que puedas reconocer todo lo bueno que tienes en la vida. Puede ser una conversación agradable con tu pareja o con un compañero de clase, un beso de tu pareja, o el poder disfrutar de un momento relajado después de las clases. Es importante que anotes los detalles que has recordado, ya sea en la agenda o en alguna aplicación del móvil.

Expresarle gratitud a una persona es muy importante

Piensa en una persona a la que tienes que agradecer algo y díselo abiertamente. Es mejor si puedes hacerlo cara a cara, pero si no es posible, hazlo por teléfono, envíale un mensaje. Seguro que tienes a muchas personas a tu alrededor a las que tienes que agradecerles, empezando por tus padres, hermanos, amigos y por qué no, tu parcja.

Hacer cartas de gratitud, ayuda a realizar sueños.

Escribe una carta a una persona que sea importante para ti por algo que hizo, ya sea en la semana, en el pasado, por algo que está haciendo ahora o, simplemente, por el hecho de tenerla en tu vida. Tómate tu tiempo para escribirla con palabras que expresen gratitud, detallando lo que ha hecho por ti y cómo ha repercutido en tu vida. El hecho de escribir la carta tendrá efectos muy positivos para ti, pero sí, además, la entregas personalmente a la persona que te ha ayudado o se la lees sin que lo espere, observarás su reacción positiva, recibirás también su agradecimiento y se creará un vínculo especial entre ustedes.

El camino de la gratitud es el camino a tu paz mental

Desconéctate y sal a la calle para dar un paseo por el parque, por la ciudad o por donde te sientas cómodo(a). Pero no será un paseo normal, será un paseo de gratitud. Deberás estar muy pendiente de los olores, los colores, los sonidos y las sensaciones positivas que experimentes durante el paseo. Observa a las personas que van por las calles, algunas en sillas de ruedas mientras tú caminas, otras con discapacidad auditiva mientras tú escuchas los sonidos a tu alrededor. Puedes agradecer cosas tan sencillas como tu respiración, tu vista, el poder tener ese tiempo para ti, salir a la calle, encontrarte con algún conocido, sentir el calor del sol y, ¿por qué no?, celebrar la vida.

La fuente de los momentos felices está en agradecer

Consiste en guardar en una fuente de cristal los objetos que te traigan recuerdos de buenos momentos vividos durante todo un año, anotando el año en que ocurrieron. Pueden ser las entradas de un parque, un concierto especial, una cena, una piedra o concha de una playa donde pasaste unas vacaciones inolvidables, o incluso la servilleta de papel de un restaurante donde cenaste. El objetivo es ir llenando la fuente y, al final del año, revivir esos momentos, recordarlos y agradecer haberlos vivido y sentido.

Cada persona debe encontrar la forma más idónea de expresar gratitud o de demostrar su agradecimiento a alguien. Busca la que mejor se adapte a ti y sea más efectiva. Con voluntad y disciplina, estos sencillos ejercicios te ayudarán a aumentar tu gratitud.

Ser agradecido es esencial para apreciar y disfrutar plenamente la vida. Agradecer lo que somos, lo que hemos conseguido, lo que tenemos, lo que hemos vivido y las personas que nos rodean nos hace vivir en armonía con nuestro entorno y con un alto grado de bienestar.

Muchas veces nos olvidamos de este dicho popular, que es una gran verdad. Son muchos los temas que escapan a nuestro control en la vida, pero sí podemos controlar cómo reaccionamos ante las situaciones que enfrentamos. Nuestra mente es bombardeada continuamente con una gran cantidad de información, por lo que debe filtrar todo lo que no está buscando activamente. El problema radica en que, como regla general, nuestra mente tiende a enfocarse en lo que está mal y en las carencias. Esto se debe a que, para evitar el peligro y asegurar nuestra supervivencia, buscamos aquello que está fuera de lo esperado o que podría representar una amenaza.

Lápiz y Papel
Ramón Rodriguez

Se puede cambiar nuestra forma de pensar

Podemos detener la tendencia negativa natural de nuestra mente mediante la reorientación hacia la abundancia y lo que es positivamente posible, centrándonos en aquello por lo que estamos agradecidos. Con este cambio de visión, casi al instante tu vida puede cambiar su trayectoria. Tu mundo puede revolucionarse y transformar todo lo que puedes crear en él. De esta forma, nos vamos a sentir mucho mejor, siendo agradecidos incluso cuando las cosas no van del todo bien y cuando surgen conflictos o problemas. Debemos ser agradecidos por lo bueno y lo malo que sucede en nuestras vidas, recordando que todo ocurre por una razón.

Aprender a ser agradecido para disfrutar más la vida

A continuación, te presentamos algunos puntos que pueden servir para estimular tu reflexión y ayudarte a cambiar la perspectiva que hasta ahora tienes de ti y de los demás.

Abre los ojos al mundo y disfruta la vida

Tenemos que salir de nuestro "universo cerrado", mirar hacia el exterior, a los demás y darnos cuenta de todas las cosas que tenemos y agradecerlas. Lamentablemente, hay muchas personas en peor situación que tú; hazte consciente de ello y obsérvalo. Seguro que después estarás más agradecido por la situación en la que te encuentras, de la que muchas veces quizás te quejas.

A veces ocurre un pequeño percance que podría haber sido mucho peor. Es importante darse cuenta de ello y estar agradecido de que el problema no haya sido mayor. Presta atención a las cosas buenas que sí te ocurren, porque puede ser que Dios te está librando de algo peor. Muchas veces vivimos la vida sin prestar atención a las pequeñas cosas buenas que nos suceden, porque las más "espectaculares" son más evidentes y llaman más la atención. Sin embargo, si piensas un poco, verás la cantidad de cosas positivas que hay en tu vida. Es fundamental reeducarnos para aprender a pensar en positivo y valorar todo lo bueno que vivimos cada día.

Ama, Perdona, Olvida y Disfruta la Vida

No hay nada más importante ni que llene de alegría tanto como amar y ser correspondido. Hay que darle una oportunidad al amor. Muchas personas, después de un fracaso amoroso, ya no quieren intentarlo de nuevo; sin embargo, lo que debes hacer es abrir tu corazón para la próxima relación, ya que Dios tiene un plan mejor para ti y lo que viene será aún mejor. No importa quién te haya hecho daño, debes perdonar, pero también alejarte de las personas que te lastiman. Cuando perdonas, liberas esas energías negativas que habitan en tu mente. Al hacerlo, tu mente se vuelve más feliz. Y cuando perdones, trata de olvidar, para no seguir cargando con cosas negativas.

Dedica la mayor parte de tu tiempo a ser feliz y agradecer

Muchas personas gastan más tiempo, o mejor dicho, lo pierden con los demás en vez de enfocarse en cosas que nutran su felicidad, como leer un libro, viajar, visitar a un familiar querido o tomar un curso sobre algo nuevo. En fin, la clave es dedicarse tiempo a uno mismo y no solo a los demás. Cuando te dedicas tiempo a las cosas que te gustan y te motivan, es lo mejor que te puede suceder.

Cuando camino por las calles, no me importa quién me vea ni lo que opinen, pero muchas veces abro mis manos para agradecer públicamente a Dios por todo lo que me da. Agradecerle a Dios no me da vergüenza; al contrario, me siento súper feliz de hacerlo.

Dedica más tiempo a hacer cosas que te hagan feliz y te motiven a seguir adelante. Recuerda que una persona agradecida es una persona bendecida, próspera, feliz y positiva.

Todos hemos pasado momentos muy difíciles en nuestras vidas, momentos que nos llevan a la locura, pero con el tiempo, cuando oramos, todo se va y llegan cosas nuevas a nuestras vidas.

“No se inquieten por nada; más bien, en toda ocasión, con oración y ruego, presenten sus peticiones a Dios y denle gracias. Y la paz de Dios, que sobrepasa todo entendimiento, cuidará sus corazones y sus pensamientos en Cristo Jesús”. Ora, cree, agradece, arrodíllate, porque tu Dios es grande y te suplirá todo.

Capítulo 2

Mis Enemigos Tenían un Asiento en mi Casa

No todo el mundo tiene la bendición de nacer en un hogar estructurado. Hoy en día vemos más personas solteras educando a sus hijos, ya sea por una pérdida humana, los abuelos que tienen que educar a sus nietos, en otras ocasiones la pareja se divorcia y, en algunos casos, un familiar tiene que hacerse cargo de los niños, y otros tienden a adoptar. No importa si te educaste con tu madre, tu padre, tus abuelos o un familiar; mientras en el hogar haya educación y amor, siempre se mantendrá ese lazo de familia en unión. Los niños aprenden de los padres todo lo que ellos ven.

Si los padres todo el día hablan de pobreza, los niños pensarán que eso es lo que se merecen. Si les dicen a los niños que ellos llegarán lejos, están sembrando una semilla para que ellos piensen que llegarán lejos. Es muy importante lo que dices, porque puedes afectar a tus hijos para toda la vida. Una vez les dije a mis sobrinos que no le dijeran nada a nadie, pero que su profesora me dijo que eran los mejores de su clase. Siempre se los decía y ellos se lo creían; era como el secreto mejor guardado. Con el tiempo, en cada curso que tenían, siempre sobresalían en todas las clases. Mi sobrina, que es la mayor, en 2020 se ganó un viaje a Italia como mejor estudiante; sin embargo, el viaje tuvo que cancelarse por la pandemia. Muchas universidades la querían por ser tan excelente estudiante. No solamente a tus hijos hay que decirles cosas positivas, también a tus parejas, familiares y compañeros de trabajo.

En muchos casos, usted vive con alguien y esa persona solo de su boca salen cosas negativas que no motivan a los demás. También, en el trabajo, cuando tienes que compartir el tiempo con personas desconocidas, es cuando es más difícil adaptarse a diferentes tipos de personas que vienen de diferentes países, hogares, idiomas y culturas. Tus palabras pueden herir o pueden enaltecer a cualquier persona. Me he dado cuenta de que la razón por la que muchas personas quieren estar a mi lado es porque siempre hablo cosas positivas y trato de validar cualquier cosa que suceda.

Hoy en día, las personas no halagan a sus compañeros, esposo, esposa, novio, novia, amigos, familiares e hijos. Es muy importante validar a los demás cuando hacen un tipo de trabajo, visten bien o sucede algo que lo amerite. Pero esto sucede desde el hogar. Los padres, cuando educan a sus hijos, deben decirles la importancia de mantenerse positivos y enfocados.

Durante mi carrera he trabajado con muchas personas de diferentes países y ha sido una ventaja porque he aprendido mucho de ellos. Lo que es correcto en mi cultura, en otras es un insulto, y viceversa. Recuerdo el primer hotel donde trabajé. Cuando llegué a trabajar como mozo, pensé y dije: Voy a llegar lejos aquí. Solo lo puse en mi mente y Dios se encargó del resto. Muchas veces no nos damos cuenta de que debemos tener mucho cuidado con lo que pensamos y colocamos en nuestras mentes, porque puede suceder. Es como estar conectado con Dios y tener un catálogo donde tienes la opción de pedir. Meses después, un compañero me recomendó a otro hotel donde disfrutaba mucho y me encantaba. Después de estar un año en este hotel, tuve un accidente y tuve que estar en casa dos meses. El primer hotel donde trabajé me llamó y me dijeron que si quería volver para trabajar como bartender. Pocas semanas después, renuncié a mi trabajo y volví al hotel en el cual me sentía como en familia. Mi jefa era nacida en Estados Unidos y teníamos muy buena relación, sin embargo, mi inglés no era muy bueno. Cometía muchos errores, me reía y aprendía.

AUTODEPÓRTESE
SI NO HA AVANZADO EN
30
AÑOS EN E.U.
RAMÓN RODRIGUEZ

Cuando comencé a ocupar la posición de bartender, en mi primer día, nunca lo olvidaré. Era una boda y estábamos en la hora de cócteles, y de repente, quería trabajar rápido, abrí una botella de cerveza y me corté. Tuve que ir de emergencia al hospital y, cuando regresé a trabajar, pocos minutos después terminó el evento. Cada experiencia debe tomarse como un aprendizaje. Seis meses después, el director de banquetes renunció y mi jefa tomó su posición. Ella me llamó a su oficina y me dijo: Quiero que pierdas el miedo de hablar inglés. En este país todos tenemos acento, porque te tengo una sorpresa. Días después me dijo: Te voy a promover, serás supervisor de banquetes. Mi alegría era inmensa, porque en esos momentos estaba en la universidad estudiando hotelería. Era el mejor premio de mi vida.

Tuve unos años maravillosos con personas con las que sentía que era como mi familia: desde la cocina, recepción, mis empleados, lavandería, era como si todos estuviéramos sincronizados para trabajar en equipo y felices. Luego tuve la oportunidad de conocer a alguien en la barbería y nos hicimos amigos. Siempre me decía: Tú tienes que trabajar en Nueva York, en el hotel donde yo trabajo. Casi cuando me estaba graduando, él me llevó una solicitud y me dijo: Tienes 24 horas para solicitar. Llené la solicitud, tuve mi entrevista y me fui a trabajar a Nueva York. En ese entonces, éramos el hotel número 1 de Nueva York, número 1 de Estados Unidos y el número 13 en el mundo. Años después, mi jefa fue a mi trabajo, la invité a almorzar. Con el tiempo, perdí su número y no supe más de ella. Yo la quería mucho por darme la oportunidad de ser manager. Un día, recibí un texto que decía: Ramón, quiero comunicarte que Cheryl Larson se ha ido de este mundo. Comencé a llorar y me pregunté por qué no me lo habían dicho. Ella tenía cáncer de senos y nunca quiso ver a nadie. Pero sé que Dios la tiene en un lugar especial por ser un ser humano extraordinario.

En el nuevo hotel donde me fui a trabajar en Nueva York, tuve la oportunidad de conocer a muchos artistas, personal de televisión y grandes personalidades en los negocios. Este hotel era uno de los más caros de la ciudad de Nueva York y la suite presidencial estaba entre las más caras del mundo. Los primeros años fueron maravillosos, sin embargo, trabajábamos 12 horas diarias. Las exigencias eran muchas, pero nos ayudaba a ser creativos y mejores en el trabajo. Dos años después de estar en esta compañía, comencé la maestría, pero no fue tan fácil trabajar tantas horas e ir a la universidad a tiempo completo. No fue fácil, pero lo logré. Quería ganar más dinero y comencé con la segunda maestría, la cual fue más fácil porque ya tenía esa emoción de seguir.

Todos los años veía cambios en este hotel. Muchos europeos llegaban con visa y solo duraban un año y medio, y después se marchaban. Los que vivíamos en Nueva York éramos pocos. Pero todo cambió cuando tuve que entrenar al personal que llegaba, y después le daban la posición más alta porque eran familia o tenían conexión con el gerente. Seguí trabajando y siempre llegaban nuevos supervisores en todas las áreas. Yo trabajaba en el área de alimentos y bebidas. Cada departamento sufría porque, después de que los supervisores se adaptaran, tenían que marcharse o renunciaban. La mayoría renunciaban porque, después de haber trabajado para una cadena tan prestigiosa, ganaban más dinero en otro hotel o restaurante. No era tan fácil porque nuestras vacaciones eran negadas por la falta de personal, pero con el tiempo nos fuimos adaptando a los cambios.

Después de haber trabajado con tantas personas, los cambios seguían en todas las áreas hasta que llegó uno de los supervisores de esos que te hacen la vida imposible.

Tener una reunión con ese señor era tener una reunión con tu enemigo. Mis oraciones comenzaron a fortalecerse porque el trabajo que disfrutábamos se convirtió en el trabajo que más odiábamos. Pero todo era como una cadena, porque llegó también una directora de recursos humanos que era peor que mi jefe. Mi departamento no era el mismo, nunca llamé enfermo a mi trabajo en cinco años. Me tocaban 6 días de enfermedad y comencé a llamar enfermo; mis compañeros comenzaron a hacer lo mismo. Todos los días hablaba con Dios y le decía por qué nos estaba pasando esto. Era trabajar como si estuvieras con tu enemigo. Nuestro jefe no sé si odiaba el trabajo o quería que sintiéramos que él tenía el poder. Mis oraciones fueron escuchadas y, a poco tiempo, se fue a otro hotel y a otro país de la misma compañía. Siempre he dicho que las oraciones siempre son escuchadas, lo único es que debemos tener paciencia.

Pensé que todo iba a ser color de rosa, pero la directora de recursos humanos era como tener la madre del demonio en nuestras vidas. Eran muy pocas las personas que la querían; hablábamos porque era asunto de trabajo. Yo trataba de evadir lugares donde ella estaba porque hacía todo lo posible para despedir a los empleados que tenían muchos años en la compañía. A diario veíamos que ella despedía empleados, pero no era porque hacían algo malo, sino por su plan diabólico, que era perfecto. Tenía un personal que abría nuestros pequeños armarios y en los bolsos colocaba tenedores, manzanas o pequeños utensilios que tenían la marca del hotel. Cuando los empleados iban a pasar por seguridad, encontraban la gran sorpresa: un tenedor o pertenencias del hotel, e inmediatamente se hacía un reporte de robo y el empleado era despedido. Su plan diabólico estaba perfectamente bien orquestado y estudiado. Todos estábamos muy nerviosos porque no sabíamos quién ni cómo sería la próxima persona en ser despedida.

Todos los días de mi vida se convirtieron en ansiedad, y no lo voy a negar, cada día vivíamos asustados de que nos sucediera algo que nos llevará a un despido. Una mañana escuché que a un empleado le encontraron un dinero que había desaparecido y fue despedido. El hotel entero sufrió su despedida porque todos sabíamos que la directora de recursos humanos lo había planificado. Los días pasaban y yo oraba y oraba, pero no veía una salida, ya que los Estados Unidos comenzaban una crisis financiera y empezaron los despidos masivos en muchas empresas. Esa señora visitaba el restaurante donde trabajaba, la miraba y solo decía: Señor, tú sabes quién está aquí en estos momentos, sé que pronto todo va a estar bien. Cada día eran sorpresas y despidos. Un día nos llamaron a todos los supervisores a un salón. Nos dieron un documento de dos hojas que teníamos que firmar a la fuerza, ya que un día una celebridad, junto a dos de sus parejas, comenzaron a pelear fuera de la habitación y de ahí surgió que no querían que los empleados hablaran de lo que sucedía en el hotel con las celebridades. El documento era para callarnos la boca y no hablar de todo lo que sucedía en el hotel y proteger a las celebridades. Tuvimos que firmar el documento, el cual nos decía que no podíamos hablar de nada de lo que sucediera en el hotel, ni por escrito, ni hablado, ni en las redes, ni por correo electrónico, en fin, por ningún lado. Y si no firmábamos ese documento, éramos despedidos y la seguridad estaba lista para escoltarnos y sacarnos del hotel.

Mientras los días pasaban, veíamos las injusticias que se cometían con los empleados. Después nos pudimos dar cuenta de que querían sacar a los empleados que tenían más tiempo en el hotel porque ganaban más dinero y tenían más beneficios que los nuevos empleados. Cuando sacaban a alguien, se ahorraban dinero y los jefes grandes recibían más dinero en sus bonos para ahorrar más dinero. El dinero lo ahorraban en los empleados más que en el producto. La directora de recursos humanos disfrutaba cuando seguridad encontraba objetos en las pertenencias de los empleados, y todos tenían el logo del hotel. Esto sucedía a diario y lo hacían de una forma que, aunque revisaras tus pertenencias, tenían ideas sobre por qué salían de empleados que ya eran como una familia para nosotros después de haber trabajado años en el hotel.

Llegó el gran día en el que muchos de nosotros tuvimos que tomar la decisión de partir, ya que nuestras vidas eran como estar en el infierno debido a las acusaciones, la recopilación de información falsa y el daño tan grande que nos hicieron. Muchos de nosotros, debido al daño psicológico que recibimos, recibimos un paquete de seguro médico y pagos extra. Sin embargo, yo dije que esa señora no moriría de un ataque, que ya verían que se iba a morir lentamente porque Dios le daría una lección. Fue tan chocante el cambio en mi vida que decidí tomarme un tiempo libre. Estuve cinco años sin trabajar, los dediqué a mi primer libro y a viajar. También fue muy difícil conseguir trabajo porque, si la llamaban, ella daba una recomendación muy mala de todos los supervisores que se habían ido. Muchos siguieron sufriendo los maltratos y las discriminaciones. Todo siguió igual desde que me fui. En enero de 2019, estaba en casa de mi madre, me estaba tomando una cerveza y mi hermano, que trabaja en esta cadena de hoteles, me dijo: ¿Sabes lo que le sucedió a la directora de recursos humanos? Y yo le pregunté qué le había sucedido. Él me dijo: Creo que ella no va a regresar, creo que tiene una enfermedad rara. En medio de su enfermedad, despidió a su enemiga número uno, la delegada de la unión. Una semana después, ella renunció debido a su enfermedad. Cuando mi hermano me dio esa noticia, fui de inmediato a la habitación de mi madre, me arrodillé y le pedí a Dios que la sanara, pero solo si ella pedía perdón y dejaba de hacer daño.

Pasaron los meses y me enteré de que la directora de recursos humanos tiene esclerosis múltiple, una terrible enfermedad que no tiene cura. Muchos se alegraron de su enfermedad porque sabían que ella no tenía corazón para nadie y que sus días estaban contados. Muchos empleados dijeron que asistirán a su funeral solo para ver que ella estaba muerta y así ver al demonio descansando. Así se sienten los empleados por esta señora, que solo tenía el corazón para hacer daño. La Biblia dice: "Mía es la venganza, yo me vengaré." Dios tiene un propósito para cada ser humano, pero esto nos deja ver que, cuando haces daño, un día te llegará el momento de pagar las consecuencias. Hacer el bien hace que tu vida fluya, todo te sale súper bien, recibes muchas bendiciones y todo te florece. Observa cuando una persona hace el bien y dona a los más necesitados, estarás frente a una persona más que bendecida. Así de simple es la vida: haz siempre el bien y sé una persona de corazón noble.

Desde el año 2009 estuve en depresión, ya que el trabajo que tenía en el hotel lo disfrutaba mucho, pero la encargada de recursos humanos hizo que mi vida estuviera en depresión, ya que todos los managers que nos fuimos del hotel no podíamos buscar trabajo porque ella daba malas referencias de nosotros. En esos momentos, sólo Dios supo mis dolores y mis penas. Mis penas solo las sabía Dios, ya que iba casi diario a una iglesia que está en la 114 y Amsterdam, donde allí lloraba cada vez que iba y le imploraba a Dios que me ayudara a salir del dolor que llevaba. Nadie sabía por lo que estaba pasando, pero en ese tiempo vivía con mis hermanos y no salía de la casa; si salía, era solo para ir a llorar a la iglesia. Cuando fui a Israel, mi vida cambió. Fui al Muro de los Lamentos y, cuando oré, sentí algo muy extraño. Tan así que regresé a los dos días al Muro de los Lamentos para ver si sentía lo mismo, y la verdad es que sí sentí una energía rara, pero bonita. Ese viaje me cambió la vida porque, cuando fuimos al lugar donde acostaron a Jesús, estábamos en un tour y a mí se me olvidó cargar mi cámara. Teníamos dos horas y cuarenta minutos en el tour y tenía ese tiempo encendiendo mi cámara, pero no encendía. Cuando entramos a la tumba de Jesús, traté de encender la cámara y no lo pude creer: encendió, tomé una foto y se apagó. Soy muy creyente en Dios, siempre oro y le pido para que Él me dé lo que Él crea que es bueno para mí.

Con el tiempo, Dios me dio las fuerzas para salir de la depresión que tenía, porque un día me levanté y dije: Las depresiones no son buenas para la salud, las depresiones atrasan, las depresiones solo hacen que no pensemos de una manera coherente. Y ese día decidí que hasta hoy, tengo que pensar que la felicidad la escogemos, y Dios no quiere que estemos infelices; Dios nos quiere ver felices y en paz. Es el único momento triste que pasé en mi vida, nunca he pasado un momento así, pero hoy le doy gracias a Dios por ser feliz y por vivir solo para alabar a mi Dios, el cual suple todo en mi vida. Nunca le hagas daño a nadie, porque la vida te lo cobra. Ya ven, hoy estoy feliz y la directora de recursos humanos vive cada día un menos de vida por su terrible enfermedad, que es esclerosis múltiple. Hacer el bien da salud y llegan bendiciones a tu vida.

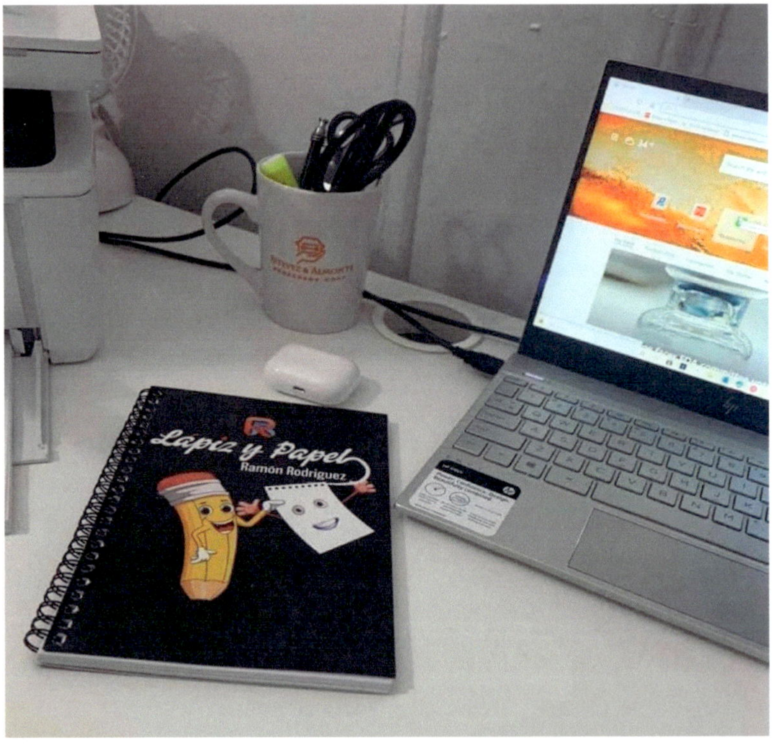

En 2011, debido a la crisis financiera, tuve que vender mi apartamento y me sentía tan triste que no quería ir a trabajar. Me dediqué a viajar, pero los gastos de renta, teléfono, luz y gas seguían todos los meses. Llegó un momento en que ya tenía que salir a trabajar. La directora de recursos humanos tenía un corazón tan negro que, si alguien llamaba para dar una referencia, hablaba mal de la persona que estaba buscando trabajo. Por eso se me hacía difícil conseguir empleo. Sé que en ese entonces tenía una depresión, y un día estaba pasando por un restaurante cerca de casa que necesitaba un lavaplatos, anoté el número, y al día siguiente llamé, pero me dijeron que la posición ya estaba ocupada. En ese momento, me arrodillé y me puse a orar. Dije: Ramón, ¿por qué caíste de esa forma cuando tienes varias maestrías? Lloré mucho durante esos días, y algo importante: la directora de recursos humanos del hotel donde trabajaba, si alguien llamaba para dar referencia, daba mala referencia de todos los supervisores que nos habíamos ido. Esto hacía las cosas más difíciles para conseguir trabajo. Pero, como soy una persona de fe, comencé a orar y dije: Dios tiene un plan mejor para mí, y sé que algo bueno llegará.

Pasaron 5 años sin que trabajara y un día, en casa de mis padres, estaba en la habitación de ellos y dejé el celular cargando en la sala. Me puse a orar y le pedí a Dios un trabajo flexible porque quería estar más tiempo con mis padres y viajar. Ya en ese entonces había perdonado a la directora de recursos humanos. Estaba de rodillas en la habitación de mis padres y, mientras le pedía a Dios por un trabajo flexible, mi celular, que estaba en la cocina, timbraba, pero no paraba de orar porque era mi tiempo de oración. Seguía pidiendo y orando, y mi teléfono no paraba de sonar. Cuando terminé de orar, fui a buscar mi teléfono y vi que me había llamado una compañera de trabajo que conocí a través de un amigo. Teníamos dos años sin hablarnos. La llamé y le dije que era una grata sorpresa. Hablamos de varios temas y me preguntó qué estaba haciendo. Le dije que iba a comenzar a buscar trabajo, y me respondió: Yo siempre quise que trabajaras conmigo. Ella es la vicepresidenta de una compañía importante en Nueva York. Me dijo: ¿Quieres trabajar con nosotros? Me quedé atónito y dije: Dios mío, pero Tú sí eres rápido. Tres semanas después, fui a hacer todo lo necesario para el empleo, no tuve entrevistas, solo ella habló conmigo. No podía creer la flexibilidad con la que iba a entrar al trabajo, donde se trabajaba fuertemente de marzo a octubre y, después de octubre, era más para planificar para el próximo año. De enero a marzo podíamos tomar 3 meses de vacaciones; era algo fuera de serie. Comencé a trabajar el 4 de abril de 2015 como asistente, comencé a hacer cambios, y a la compañía le gustaron todos los cambios que hice. En noviembre, mi jefa me dijo: Te tengo una sorpresa, hoy nos tomaremos un trago.

Esa tarde fuimos a un bar y me dijo que la compañía estaba muy feliz con mi trabajo, que en enero me iban a promocionar, pero no podía decir nada aún. En enero me promovieron a manager con más dinero y más beneficios. Pensé: ¡Cuántos años pasé en el hotel y nunca reconocieron mi trabajo, y en tan solo 9 meses fui promovido a una mejor posición! Este nuevo trabajo me encantaba; los clientes me amaban y la mayoría hacían contratos para el próximo año por el servicio que les dábamos. Sin embargo, el presidente de esta compañía tenía una personalidad extraña.

Cuando llegué, había un manager con el que teníamos un pequeño parecido. Él dijo que ese manager y yo éramos hermanos y que tenían que deshacerse de él o de mí. Varios meses después lo despidieron solo por el hecho de que nos parecíamos. El presidente de esta nueva compañía era como tener a la directora de recursos humanos del hotel; era otro demonio de regreso a mi vida. Meses después, comenzó a despedir managers sin piedad.

Hubo una joven con la que nos llevábamos de maravilla, y nuestro trabajo era envidiable. Un día llegó y dijo que la despidieran sin ningún motivo. Siempre, en los trabajos en los que he estado, he recibido muchas envidias de mis compañeros de trabajo, y otro manager siempre iba donde el presidente para contarle cosas que no eran ciertas sobre mí.

QUE DIGAN
LO QUE QUIERAN
DE MI
RAMÓN RODRIGUEZ

Un día, un supervisor dijo que yo estaba tomando, el presidente se fue de vacaciones y dejó el trabajo, algo que era mentira. El día que la directora de recursos humanos me encargó para que me despidieran, me ofreció un paquete que incluía dinero, seguro y otros beneficios. Recuerdo que era un sábado. Llegué a trabajar, me llamaron de la oficina y fui a recursos humanos. La vicepresidenta nunca me miró, se le veía triste. La directora de recursos humanos me dijo que la compañía iba a tomar un giro, que iban a despedir a varios empleados. Me instruyó sobre todo, y ese sábado fui a mi casa, tomé el sobre que me dieron, recuerdo que era un sobre amarillo, y no lo abrí. Llamé a mi madre, le conté lo que sucedió, y enseguida ella y mi hermano fueron a casa y descorche una botella de vino. Hablamos de lo que me sucedió y mi madre me dijo: Mi hijo, no te preocupes, Dios tiene cosas grandes para ti. El lunes abrí el sobre y leí toda la información. A los pocos días, decidí irme a mi país y terminar el libro. Duré dos meses en mi país sin darles respuestas sobre si aceptaba o no el paquete. Terminé mi libro y regresé a Nueva York en octubre de 2019. Cuando regresé, le envié un correo electrónico al jefe del presidente de la compañía, llamado CEO. Él me respondió, me envió un correo, e hice una cita para verlo.

En noviembre de 2019, fui a mi cita y hablé con el jefe más grande de la compañía. Él se asombró porque no entendía por qué me sacaron de la compañía. Cada día que se deshacían de un empleado era un golpe duro para nosotros. Me dijo: Esto es extraño, eres el mejor manager y quiero saber qué pasó. Le dije que alguien le había dicho que yo estaba tomando en la compañía. Le expliqué que no había pruebas, porqué hacía varios meses que me habían operado y estaba en tratamiento médico. Le enseñé los medicamentos y le dije que si tenía videos o fotos de lo que decía, que los mostrara en ese momento. Le aclaré que no había pruebas, porque ese señor solo sigue lo que le dicen sin pruebas. Me dijo: No te preocupes, desde hoy yo seré tu jefe, todo lo que quieras hablar, hazlo conmigo. El CEO me dijo: Estamos reestructurando la compañía, ya el presidente tendrá otro cargo. El presidente mudó su oficina a este lado. La empresa tenía dos bases, o mejor dicho, dos puertos donde la distancia era muy apartada, y a él lo trasladaron lejos de mi oficina. Tuvimos una buena conversación y me dio una retroalimentación muy positiva. Yo le dije que estaba muy feliz de que fuera mi jefe.

Como hay un Dios, tres meses después de haber regresado a trabajar, la compañía despidió al presidente y lo acusaron de ladrón, ya que él tomaba a los empleados para trabajar en su casa y no les pagaba. Él hacía que la compañía le pagara, siendo esto un robo. Yo nunca me preocupé porque soy hijo de Dios, y orar me ha dado muy buenos resultados. Siempre digo que todas las batallas las he ganado de rodillas.

Mientras estuve fuera esos dos meses, siempre

oraba por el presidente de la compañía. Le dije a Dios: Sé que la tuya es la venganza. Regresé el día de Acción de Gracias y fue uno de los días más felices al ver a todos mis compañeros abrazándome y dándome la bienvenida. Antes de tener la reunión con el CEO, mis compañeros de trabajo hicieron una carta para que me trajeran de nuevo y más de 200 empleados firmaron la carta. Mi jefa me dijo: Ve a mi oficina, que quiero hablar contigo. Dos horas después, fui a la oficina de mi jefa y me dijo que el presidente no está en nuestro edificio ni puede estar en el edificio, ya que ofendió sexualmente a la directora de recursos humanos. Me dijo que la directora tenía pruebas, fue demandado y llegaron a un acuerdo. Cerré los ojos y dije: Dios mío, sé que siempre tú proteges a tus hijos. La persona que me quiso hacer daño hoy día está lejos de nosotros y no puede ni acercarse al edificio en el cual trabajo. Esto es una prueba más de que hay que orar y dejar que Dios tome control de nuestras cargas. Nunca supe por qué mi jefe me trataba de esta manera, ya que cuando iba a República Dominicana le traía cigarros de muy buena calidad y siempre le traía esos regalos de agradecimiento.

En conclusión, siempre me ha dado mucho resultado orar sin cesar, arrodillarme ante Dios y hacer siempre el bien. Aunque en mi vida han pasado personas que querían detener mi prosperidad y mi proceso, Dios siempre ha estado ahí para ayudarme y darme la mano. No importa quién llegue a mi vida a hacerme daño, mi fórmula es muy simple: orar y pedirle a Dios que tome control y que sea Él quien decida hacia dónde voy. Muchas personas han querido parar el proceso de mi evolución y esto me ha ayudado a crecer cada día más y decir que todo lo puedo en Cristo que me fortalece. Meses después llegó la pandemia y cambió nuestras vidas.

Varios meses después, mi jefa me llamó a su oficina y me dijo que un supervisor le había dicho al CEO que yo solo estaba en la oficina sentado y no estaba haciendo nada, y ella le dijo que yo estaba trabajando en el nuevo entrenamiento. No dije nada, esa noche oré por él y oré para que Dios me protegiera. Pasaron los días y en el mes de febrero, el supervisor puso su renuncia para irse a trabajar a otro estado. Varios meses después, la compañía despidió al presidente de la compañía, no sé las razones, pero fue cuando comenzó el COVID y los empleados estábamos en casa. Sin embargo, la vicepresidenta, que es su amiga, me dijo que ella iba a su casa a apoyarlo porque él entró en depresión al perder su trabajo, que era cómodo y ganaba mucho dinero. Todo en la vida tiene su tiempo; ese señor le hizo daño a mucha gente, especialmente a los managers, y a mí, sin razón, quiso sacarme de la compañía. Hoy ya no es parte de esta compañía.

Esta compañía nunca me llamó a trabajar, y yo era el manager más viejo de la compañía. Desde el 2020 hasta el 2024, no supe nada de esta compañía, hasta que un día una amiga mía, con quien trabajé juntos para esta compañía, me dijo: Te tengo un bombazo, y le dije: Soy todo oídos. Me dijo que la compañía cerró y despidieron a todo el mundo. Solo dije: Ves cómo Dios obra, tanta gente que no era buena perdió sus empleos.

No importa quién nos quiera cortar las alas en el camino, todo en la vida tiene un propósito, el cual es orquestado por nuestro creador. Al principio no entendemos nada, pero con el tiempo le daremos la razón a Dios. Siempre encontraremos barreras en nuestro camino, y la mejor forma es dejarle todo a Dios, y Él se encargará de hacer lo que es mejor para ti. Las personas envidiosas nunca prosperan, siempre buscan defectos y lo más importante, no saben aceptar la felicidad de los demás. Hay que aprender a alejarse de personas tóxicas que están en todos lados.

En todo lugar de trabajo hay gente difícil que, en el mejor de los casos, solo estresa al personal. Sin embargo, hay situaciones que son inmanejables y que podrían afectar los proyectos y objetivos de los empleados. Los trabajadores con personalidades complicadas se pueden presentar de diversas formas y ningún lugar de trabajo está libre de ellos.

Siempre debemos estar al tanto para ver cuáles personas nos pueden causar problemas en el trabajo y cuáles son conflictivas.

En ese sentido, es necesario identificar a este tipo de profesionales, detectando ciertas características en su comportamiento:

- Existen muchas personas o personajes que hablan pero no escuchan, y esto hace que no se comprenda lo que se habla. En muchos casos, las personas alrededor se apartan porque no los dejan hablar.

- Siempre quieren tener la última palabra y no le dan la oportunidad a sus empleados, a un amigo ni a su pareja.

- Por lo general, no cumplen sus compromisos y solo hacen lo que quieren.

- Critican todo aquello en lo que no han

participado y no dan retroalimentación.

- Suelen competir con el compañero por poder, privilegios y por estar en primer plano, y muchas veces por envidia.

- Algunos, por quedar bien ante los ojos del jefe, descalifican el trabajo de los colegas y solo viven llevándoles informaciones falsas.

- Muchas veces es difícil enfrentar a los jefes. Ellos tienen el poder de deshacerse de ti y de hacer todo lo que quieran por ser jefes.

- Siempre trata de ser más inteligente que todos y trata de mantener la calma.

- Siempre hazle saber a tu jefe que él o ella es mejor que tú, aunque no lo sean, ya que si demuestras que tú eres mejor que ellos, entrarás en conflictos.

Durante una situación de alta carga emocional, se recomienda controlar la respiración con inspiraciones lentas y profundas. Esto ayudará a no acabar igual de nerviosos que la otra persona. Además, aprender a escuchar. Si el colaborador ha identificado a ese personaje de carácter difícil, es muy importante que durante una conversación se preste atención a sus palabras. No hacerlo podría generar molestia. Ser respetuoso para que nada se tome en tu contra.

En la última compañía donde trabajé es una empresa disfuncional, ya que yo soy el manager más antiguo de la empresa y en el 2020 en el mes de marzo todos nos fuimos a casa por la pandemia pero en el verano llamaron a dos managers a trabajar y a mí no me llamaron, en el 2021 le dieron trabajo a nuevos managers y a mí tampoco me llamaron, en el 2022 tampoco me llamaron. En ese entonces dije, yo puedo dar diplomados online y comprar casas en subastas y no volver a trabajar para nadie. Todo pasa por una razón, así comenzó mi vida e independizarme, lo cual me ha dado un resultado maravilloso.

No importa quién quiera destruirte, los enemigos son silenciosos y muchos tratan de persuadirte para que no logres tus sueños. Tienes que abrir los ojos y poner más atención a las personas que te rodean, porque puedes estar cerca de muchas bendiciones o cerca de tu fracaso. Todo pasa por algo, hasta leer este libro tiene una razón muy importante en tu vida. Vive, que la vida te da la oportunidad de reír, de amar, de perdonar y de agradecer.

También, muchos amigos me han traicionado. Por ejemplo, tenía un amigo que tenía una empresa y fue a mi programa; en solo 8 meses hizo medio millón de dólares. Su producto era algo fuera de serie. Un día vino a casa, nos tomamos una copa de vino y hasta el día de hoy no sé de él. Nunca le cobré, nunca le dije que me diera dinero, sino que Dios lo alejó de mi vida. Después, una amiga me dijo que esa persona estuvo deprimida, perdió su vehículo y la estaba pasando muy mal. Además, había otra persona que hizo más de 600 mil dólares en un año y medio y el Día de Acción de Gracias me insultó. A mí, nadie me ha insultado porque soy muy respetuoso. Me dijo malagradecido, maleducado, y me puse a pensar, pero él nunca me ha regalado nada, al contrario, yo siempre le daba regalos. La razón por la que me insultó es que, supuestamente, uno de mis seguidores le dijo que yo había hablado mal de él en mi programa. Yo nunca he hablado de nadie en mi programa, ni lo haré. Al otro día, escuché de nuevo su mensaje y no quise abundar en nada. Que crea lo que quiera, yo lo bloqueé y lo saqué de mi vida, así de simple. Muchas veces, las personas que están más cerca de ti son las que quieren destruirte porque te envidian y por los talentos que solo tú posees.

Nunca en mi vida le he hablado mal a nadie, nunca le he faltado el respeto a nadie. Al contrario, cuando alguien trata de insultarme, yo me callo y no digo nada. Luego voy a casa, analizo y me alejo de esa persona. No gasto mi tiempo en nada que no me dé felicidad. El que se quiera ir de mi vida, que se vaya; el que llegue, bienvenido. Pero siempre será la voluntad de Dios la que esté conmigo.

Tenía una amiga por más de 25 años y siempre iba a su escuela a donar tiempo para dar clases de protocolo a los niños. Tenía un promedio de 15 años dando clases de protocolo. Recuerdo que mi amigo vino de República Dominicana y le trajo unos dulces; los dejé en casa de mi madre porque su madre vivía un piso más arriba de la mía. Cuando mi madre le quiso dar los dulces, ella no los recibió. Me extrañó mucho y no dije nada. La llave de mi apartamento la tiene mi madre, mi hermano y ella. Recuerdo que era mayo de 2019, y en vez de entregarme las llaves de mi apartamento a mí, se las entregó a mi hermano. En octubre de 2022, me enteré por mi hermano que ella había escrito un libro de 22 páginas sobre protocolo de niños, algo que, la verdad, me sorprendió, ya que su biografía dice que ella es maestra y psicóloga. Ella me robó mi idea y mis conocimientos y publicó el libro antes que yo. Pero como yo soy el experto, mi libro es bastante grande; tiene 815 páginas y no solo habla de etiqueta y protocolo, si no también de vinos, colorimetría, imagen y mucho más. Ella se alejó de mí y, desde abril de 2019, no sé nada de ella. Yo siempre me cuido mucho; antes creía en todo el mundo y ahora soy más reservado, porque todas las ideas me las copian.

Recuerdo que hace unos años le dije a una

productora de televisión que quería tener un segmento de moda y protocolo. Ella llamó a Miami para exponerle la idea y un día un amigo me llamó y me dijo: Debes ver este canal, te robaron tu idea. Al otro día vi el programa y era mi idea, la cual se la di al canal. He aprendido de la vida a ser más selectivo con las personas que me rodean y los lugares a los que voy. No todo el mundo quiere verte próspero y feliz; muchos quieren verte en la ruina, deprimido(a), infeliz y que les vaya peor que a ellos.

Cuando estudiaba en República Dominicana, me hice amigo de un joven que vivía cerca de mi casa. Un día, él me vio en televisión, tomó mi número y me llamó de sorpresa. Le dije que yo era experto en protocolo y me dijo que él iba a organizar talleres. Varios meses después, comenzamos a dar los talleres. Le dije que, como él trabajaba para la universidad, diéramos un taller y le cobrábamos 500 pesos, ya que estos estudiantes eran pobres. Dimos el taller a 125 personas. Pasaron 8 meses y me hice amigo de uno de ellos. Le dije: No recuerdo cuánto fue que les cobramos en el taller que les di. Él me respondió que 700 pesos. Yo quedé atónito porque mi amigo y yo habíamos acordado que yo me ganaba un 60% y él un 40%. Al final, como él cobró más de lo acordado y no me dijo nada, yo nunca se lo reclamé. Recuerdo que en enero le dije que organizara un taller en abril y me dijo que sí. Un amigo me dijo: No sabía que tú ibas a República a principios de abril. Le respondió: No, voy a finales, y me dijo: Tu amigo está anunciando un curso a principios. Vi el anuncio y, cuando llegué a mi país, tuve una reunión con él. Le dije que mi compañía no tenía que ver con él, pero que él no podía dar talleres de protocolo con mi material. Le advertí que, si lo volvía a hacer, lo iba a demandar. Yo siempre le enviaba cajas con comida, sábanas, toallas y muchas cosas más, y me preguntaba cómo es que uno trata a las personas bien, las ayuda y esas personas te roban.

No importa quién te traicione, ellos lo hacen por celos, envidia y para lograr sus objetivos. Lo más importante es que, sin importar quién te traicione, sigas adelante con tus propósitos y verás cómo caen todos. Recuerda que tu felicidad es la envidia de muchos, así que no pares de ser feliz.

Recuerda que todas las batallas se ganan de rodillas.

Capítulo 3

Escribes tus Ideas con Lápiz y Papel

Cuando era pequeño, mi madre me decía que tomara lápiz y papel para ir al supermercado. Siempre hacía hincapié en lápiz y papel para que no se me olvidara nada, porque no quería que volviera de nuevo al supermercado. Todos mis programas les digo a mis seguidores que tomen lápiz y papel. Cuando comencé mis programas en las redes, empecé a decirles a mis seguidores lápiz y papel porque quería que ellos escribieran los números y la información que les daba.

Dr. Ramón Rodríguez Herrera

Siempre les digo que anoten porque quizás no necesiten la información en ese momento, pero después podrían necesitarla para un amigo o un familiar. Todos los días, al comenzar mi presentación y cuando tenía que dar un número de teléfono, siempre les digo lápiz y papel. Esta frase fue tomando un matiz diferente. Cada día, mis seguidores me decían que patentiza la frase lápiz y papel. No era algo que yo quería, sino más bien que mis seguidores tomaran la información. Durante el proceso, mis seguidores comenzaron a enviarme videos de canales importantes donde decían mi ya famosa frase lápiz y papel. Un viernes me levanté y fui a patentizar lápiz y papel. Estuve nervioso por varios minutos porque me identificaba mucho con esta frase. Cuando me llamaron para pagar, le di tantas gracias a Dios y a mis seguidores porque ya, por lápiz y papel, tengo los derechos del nombre.

En mayo del 2020 estuve hablando sobre un nuevo estímulo que se podría dar en los Estados Unidos. Alguien cortó el video, no sé si para hacerme daño o para hacer que las personas se ilusionaran con el estímulo. Ese día mi video se hizo viral y recibí muchas llamadas de amigos y familiares, y también de varios medios. Estuve en algunos medios de televisión e incluso alguien dijo que estaba hablando mentiras. Hice llamadas a las personas que estaban en las redes y les dije que mi video fue cortado y ellos entendieron lo que sucedió. Este video hizo que mis seguidores subieran de 500 hasta llegar a 125,000 en una sola presentación. En marzo del 2020 no sabía cómo hacer campaña sin que se viera como un programa político. Desde el mes de mayo del 2020, mis seguidores han hecho de las redes sociales una de las más vistas, y eso no me lo esperaba. Comencé a combinar la política con los conocimientos que estaba dándoles a mis seguidores y la verdad que nunca pensé que se podía hacer campaña desde la casa.

Muchas personas comenzaron a enviarme mensajes privados y todos los días me acostaba a las 4:00 a.m. Para mí era una felicidad inmensa ayudar a personas que no conocía y los ayudaba en mis programas sobre temas que ellos nunca habían escuchado, pero que por mis conocimientos y mis invitados podía ayudarlos. Comencé a hablar sobre protocolo e imagen, cómo viajar a bajo costo, cómo comprar ropa de marca a bajo costo, vinos, seguro médico para indocumentados en Nueva York, clases de cocina, inmigración, psicólogos, motivadores, cómo comprar casas en subastas, en fin, mi programa se convirtió en algo que muchas personas querían estar. Sin embargo, no quería que mi programa se convirtiera en algo comercial, es por eso que me he cuidado mucho, porque mis seguidores creen en mí y no puedo comprometer los conocimientos con productos de ventas.

Pero todo no fue fácil durante estos tres años en las redes sociales. En el mes de agosto de 2021, alguien me hackeó la cuenta y colocó 22 veces "Satanás es mi guía". Facebook me cerró la cuenta por 3 meses y dije: ¿Ahora qué hago? Tenía una cuenta en Instagram con pocos seguidores. Pude contactar a varios de mis seguidores para que dijeran que iba a estar los miércoles en Instagram. Fue una bendición porque casi 40,000 seguidores me apoyaron en esta plataforma. En septiembre, Facebook me abrió la página de nuevo, pero me di cuenta de que muchos de Instagram no tenían Facebook y viceversa, por eso decidí hacer programas en Instagram los miércoles y los viernes en Facebook. Mis seguidores no saben que tengo que leer más de 60 horas semanales para llevarles la información correcta. En el mes de marzo cumplimos tres años en las redes sociales.

Durante estos tres años he tenido muchos patrocinadores que han donado muchos regalos para mis seguidores y ha sido una bendición. Hace un tiempo tuve una idea para que la gente dejara de molestarme e insultarme: comencé a decirles que sus talentos no los dieran gratis, que les cobraran a toda su familia. Todos los viernes repetía lo mismo y me dio resultado: dejaron de insultarme. Tuve otra idea para que dejaran de molestarme y creé una competencia donde mis seguidores me tenían que enviar un video explicando cómo mi programa les había cambiado la vida. Esto fue un éxito; todos los días colocaba un video y esto daba fe de lo que hacía con mis seguidores.

Estos tres años han sido maravillosos, ya que he conocido a muchos de ustedes y también quisiera conocer a muchos de mis seguidores, pero en esta pandemia no he querido estar con nadie, ya que he cuidado mucho a mis padres para no contagiarlos. Sin embargo, sí quiero que Dios me dé la oportunidad de algún día conocerlos a todos. Siempre hay seguidores a los que les he tomado un cariño muy grande porque siempre me asisten con los números y cualquier información que mis seguidores necesiten. Ellas son Natty Luna y Tiana Ferreira. Desde que comencé mi programa, incondicionalmente me asisten en Facebook e Instagram. También, cada vez que termino un programa, me envían fotos de todo lo que mis seguidores opinan y de esta forma los puedo contactar y responder sus preguntas. Les quiero dar las más sinceras gracias por este tiempo que me han ayudado incondicionalmente. Pero estos tres años no han sido fáciles. Yo recuerdo que los esposos de mis seguidoras eran muy celosos, hasta que un día les dije: Yo quiero que ustedes un viernes inviten a sus esposos para que ellos vean lo que ustedes hacen los viernes. Así comenzó, y ya muchos de los esposos de mis seguidoras ahora me aman. También los viernes, o se come temprano o no se cocina.

Durante este tiempo he reído y he llorado. Al principio, me acostaba casi a las 5 de la mañana hablando con mujeres abusadas y ayudándolas en lo que podía. Pero también me he reído porque ya mis seguidores no me ven por sus teléfonos, sino en sus televisores y en pantallas gigantes. Un día dije: ¿Por qué los números bajaron?, y comencé a hacerles preguntas sobre cómo me veían. Empecé a ver grupos de 15, 18, hasta 20 personas viéndome en pantalla gigante.

Yo predije 4 estímulos y nadie en los Estados Unidos predijo nada, solo yo lo hice. Ahora bien, usted se preguntará cómo yo predije esos estímulos. Ni yo lo creo, pero siempre se me entra Dios y me hace hablar cosas que ni yo recuerdo al otro día. Cuando veía mis videos grabados, decía: ¿Y por qué dije eso? O ¿Cómo me salió eso? La verdad es que fue Dios quien me dijo que lo dijera. Dije que si venía el estímulo 6, sería el último, y en junio del 2023 comenzó a edificarse el estímulo 6. Muchas cosas hicieron que este estímulo no avanzara, como la guerra entre Rusia y Ucrania, la guerra entre Israel y Hamas, y el cierre del gobierno. Sin embargo, las elecciones son en 2024, por lo que podría ser que se apruebe antes de las elecciones.

R
LA
SONRISA
Enamora
y es
GRATIS.
RAMÓN RODRÍGUEZ

Estas son de las pocas cosas que han sucedido desde marzo del 2020 y ha transformado la vida de muchos de mis seguidores:

- Más de 10,000 personas han invertido en propiedades.
- Más de 12,000 han comenzado sus compañías.
- Más de 500 han tomado clases en las mejores universidades del mundo a través de edx.org.
- Muchas personas han tomado clases de inglés gratis.
- Muchos han tomado cursos para la ciudadanía gratis.
- Hemos ayudado a obtener seguros médicos para más de 7,000 personas, tanto indocumentados como público general.
- He ayudado a muchas mujeres abusadas a salir del abismo en que vivían.
- Ustedes comenzaron a invertir en la bolsa de valores.
- Viajé a México y les dimos una clase de tequila.
- Viajé a Florida, donde entrevisté a una persona que les dio las claves para invertir en este estado.
- Nos visitó la primera latina de migración que ha ido a la Corte Suprema.
- Les he dado clases de vinos, protocolo.
- Muchos aprendieron a invertir en subastas, y hoy en día, muchos de mis seguidores ya han comprado casas.
- Muchos han donado regalos para mis seguidores.

- Entrevisté a varias personas que comenzaron sus pequeños negocios, los cuales dijeron que fui su inspiración.
- Con mi información se ha enterado la gente de lo que ha sucedido con los estímulos.
- Con mi información, a más de 1,000 personas les dieron $15,600 como trabajadores excluidos en Nueva York.
- Con mi información, más de 2,000 personas recibieron $1,000 por sus cupones de alimentos.
- Hemos tenido psicólogos para ayudar a nuestros latinos.
- Hemos ayudado a muchos pequeños negocios con los préstamos de SBA.
- La actriz venezolana Ricsabeth Sovalbarro publicó su libro "Saca el Mujerón que hay en Ti", el cual ayuda a todas esas mujeres a salir adelante.
- También nos acompañó mi amiga y famosa de la radio, Jenny Cruz, quien vino a dar un refuerzo positivo a todas las mujeres.
- Hablamos de cómo comprar casas en Nueva York y Nueva Jersey.
- Hemos tenido jóvenes cantantes y escritores.
- Hemos tenidos artistas cristianos.
- He respondido más de tres millones de mensajes, lo cual es algo que nadie hace en las redes sociales.
- He sido el psicólogo de muchas personas que atravesaron divorcios, maltrato y mucho más.
- Más de 3 millones de personas han visto mi

programa.

- El país que más ha visto mi programa es la India, con 480 millones, y en segundo lugar, Estados Unidos, con 305 millones.
- María Marte, la chef con 2 estrellas Michelin, estuvo en nuestro programa.
- Ayudamos con los fondos para el huracán.
- Ayudamos con los fondos por la muerte de COVID.
- El Dr. Eliescer Guzmán, cirujano de Bill Clinton, estuvo en nuestro programa.
- Ustedes aprendieron a comprar ropa de marca a bajo costo.
- Ustedes aprendieron a viajar a bajo costo.
- En 2023 comenzamos a construir casas para personas pobres en la República Dominicana, algo maravilloso.
- Hemos dado talleres privados en hoteles, donde ofrecemos almuerzo gratis, sobre los nuevos modelos en Nueva York que darán préstamos de 100 mil dólares sin intereses y la posibilidad de comprar casas con un 100% de financiamiento, algo nunca visto, ya que, cuando se va a comprar una casa o apartamento, se debe dar un inicial de 30 o 40 mil dólares, y con esta nueva propuesta, muchos tendrán sus casas. Estos talleres los dimos por mucho tiempo; sin embargo, los políticos ni los medios de comunicación han hecho nada para llevar esta información a los latinos. Somos los únicos que hemos hecho este tipo de talleres.

- New Jersey también aprobó el 100% para comprar propiedades, y en el mismo taller hablamos de los dos estados.
- Ayudamos a las personas con un experto en migración.
- Ayudamos a las personas a entender la importancia de un seguro de vida.
- En mi programa tuvimos vendedores de apartamentos y casas de la Florida, ya que en ese estado también tienen muchas facilidades y buenos programas para los primeros compradores.
- Fui la primera persona en hablar de *flipping houses*, un programa para comprar casas en mal estado, donde el banco le presta dinero para comprar la casa y para repararla.
- Más de 100 de mis seguidores que tomaron el curso de *flipping houses* han comprado casas.
- Hablamos del programa NACA, el cual ayuda a las personas de bajos recursos a comprar sus casas, un tema que nadie había hablado en ningún medio.
- Programa de NACA para personas de bajos recursos que les ayuda a comprar sus casas.
- Programa y pagos de renta.
- Programa de estímulo en New Jersey para personas que rentan y dueños de casas.
- Ayudamos a personas con sección 8 y housing.
- Fui el único en hablar de un estímulo de $32,200 para trabajadores independientes.

Todo esto ha sucedido desde que comencé mi programa en marzo de 2020. Mi programa ha impactado tanto que nunca en la historia de los Estados Unidos ha existido un programa de información y de educación como este, y esto tiene su recompensa, ya que el mercado americano ha hecho publicaciones sobre cómo mi programa ha transformado vidas. Medios como Yahoo Finance, Business Insider, Digital Journal, Yahoo! Trending News, Boston Herald, Wall Street Select, International Business Times, The Pilot News, Chronicle Journal y Factor Éxito han escrito sobre cómo mis programas han ayudado a los latinos. En 2023, la cuarta economía, California, me dio dos reconocimientos: un diploma y un botón, algo que, la verdad, me sentí muy feliz de haber recibido, un reconocimiento de una institución que está a 6 horas en avión de mi casa.

La pandemia, por un lado, me tenía preso porque quería traer invitados y no podía. Todas las semanas traía temas que podía manejar, como etiqueta y protocolo, clases de vinos, cómo volar en primera clase a bajo costo, cómo comprar ropa de marcas a bajo costo; en fin, trataba de leer e informarme para llevarles a mis seguidores una información que ellos desconocían. Todos los viernes, sin parar, hacía mis programas y algunas veces hablaba de política. Con el tiempo, Facebook e Instagram comenzaron a cambiar la plataforma y ya podía invitar a personas sin que estuvieran presentes.

Mis seguidores no saben el proceso que tengo que hacer antes de mi programa. Antes de comenzar cualquier programa, ya sea en Instagram o Facebook, hago lo siguiente:

- Antes de cada programa tengo que orar para que Dios ponga en mi mente, mi vocabulario y mis ademanes todo lo mejor. Cuando termina mi programa, nunca veo cuántas personas vieron mi programa. Cuando termina, oro de nuevo dando gracias a Dios.

- Siempre que comienzo el programa, empiezo saludando a mis seguidores; es una forma de agradecimiento.

- Tengo que leer más de 60 horas para estar preparado para cada programa y llevarles a mis seguidores la información correcta de los medios más importantes de los Estados Unidos. Muchos me han llamado mentiroso, y eso me da tanta risa, ya que todo lo que digo en mi programa no me lo invento. Por eso es que mi programa lo respeto y trato de dar lo mejor de mí en cada entrega.

- Una semana antes de mi programa, mis invitados me envían las preguntas que ellos van a contestar. Dos días antes hablamos por teléfono para coordinar todo. Siempre les digo que no utilicen colores neutros, sino que traten de utilizar colores y que me digan qué color van a utilizar para no usar el mismo.

- 10 minutos antes del programa, les envío el link a mis invitados para probar que ellos entren a mi programa. Esta prueba se hace con todos los invitados para que no haya errores. Claro que muy pocas veces hemos experimentado fallas, pero al final todo sale bien.

- Mi ropa la escojo por lo menos tres días antes, ya que no me gusta dejar nada para el día del programa.

- Mi presentación la hago, por ejemplo, si es para Facebook, comienzo a hacerla el sábado, es decir, 7 días antes, y si es para Instagram, la comienzo a hacer el jueves, 6 días antes. La razón por la que comienzo con tanto tiempo es porque son dos programas y los dos son diferentes. Pero no es fácil hacer un programa, imagínese hacer dos.

- Siempre tengo a mi lado agua y una servilleta, nadie sabe si hay un estornudo o si se me derrama agua. A mis invitados siempre les digo que tengan agua y una servilleta.

- La razón por la que mi programa siempre sale perfecto es porque lo que digo no sale de mi cabeza; todo lo que hablo está escrito y hago como la televisión, que lee todo. En mi presentación coloco delante de la pantalla lo que voy a decir; de esta forma, no hay fallos y todo sale perfecto con las noticias que debo dar. Cuando termino con la presentación, ya no leo, sino que trato de saludar, contestar preguntas y hablar abiertamente del tema.

- Ningún invitado entra cuando yo entro; siempre los primeros 10 minutos son míos y los utilizo para darle a mis seguidores cortas noticias. Una vez que termine, mi invitado entra. Siempre le digo a mi invitado si va a entrar antes, ya que en algunos programas solo tengo una noticia y ellos entran a las 8:05 p.m. Todo en mi programa está coordinado, ya que en mi introducción siempre la practico y tomo el tiempo para saber cuánto me tomará.

- Si un invitado viene a mi casa, trato de ordenar comida y comemos a las 7:00 p.m. para no comer cerca del programa. Si mi invitado no quiere orar, me voy a la habitación y oro, pero este caso no se ha dado, ya que a todos les gusta cuando oro antes de comenzar el programa.

- Los miércoles y viernes nunca hablo con nadie, solo hablo con mi madre o mi padre. El día de mis programas trato de estar enfocado. Tampoco contesto mensajes de mis seguidores.

- Muchos me ven algunas veces con un trago de alcohol, pero es más que un show porque casi no tomo alcohol. Lo más que me tomo son dos tragos. A mí se me pasan meses y no tomo alcohol.

- No permito que nadie esté en mi casa cuando hago mis programas, solo mis invitados, ya que en dos ocasiones tenía amigos y les sonaba el teléfono, y cualquier distracción me molesta. Nadie puede ir a mi casa cuando hago los programas.

- Siempre trato de encender una vela. Cuando la enciendo, es como si Dios me guiara, y siento que todo sale bien cuando lo hago.

- Aunque usted no lo crea, un día invité a personas que se motivaron a hacer sus compañías, y no pude creer que una de esas personas llegó borracha a mi casa. Vi que se durmió y les dije a todos que no hicieran nada, que él no iba a aparecer en el programa. Todo salió bien y nadie se dio cuenta. Es por esta razón que mis invitados no pueden tomar más de una copa de cualquier bebida alcohólica. Ya después del programa, si pueden tomar.

- Nunca utilizo ni filtros ni maquillaje para mi programa; me gusta estar natural, para que cuando me conozcan no vean a alguien diferente.

- Cuando salgo a la calle, me dicen: pero te ves más gordo, en el programa soy flaco, pero es que las pantallas nos engordan.

- Siempre coloco alarmas para organizarme. La primera es a las 7:45 p.m., a esta hora me coloco la camisa y llevo mi chaqueta en la silla en la que me voy a sentar. Otra alarma es a las 7:30 p.m., me pongo a orar. A las 7:50 p.m., a esta hora busco el agua y la servilleta. A las 7:55 p.m., le envío el link a mi invitado. A las 7:58 p.m., me pongo la chaqueta y me siento para estar listo para el programa. Esto me ayuda a estar más organizado.

- El viernes me levanto tarde y trato de amanecer descansado para que mis seguidores me vean descansado, aunque sí les tengo que decir que todo no es perfecto; he tenido programas en los que he estado cansado y mis seguidores lo han notado.

- Nunca permito que se utilicen colores neutros; todos debemos utilizar colores. Además, siempre le digo a mis invitados el color que voy a utilizar para que no usemos el mismo color.

- Mi madre es la primera en criticarme y es la primera que me dice: No, de boche, no digas tal cosa, ya ustedes saben la presión que tengo. Ella no se pierde ningún programa, pero algunas veces le doy las primicias, otras veces, por el tiempo, no se las doy.

Muchos de ustedes no lo saben, pero muchos de mis invitados han ayudado económicamente a mis seguidores y yo he ayudado a algunos. Nunca me ha gustado decir lo que hago. Además, durante la pandemia ayudamos a muchas familias pobres en la República Dominicana. Nunca le he pedido a nadie que me ayude, lo hago porque me gusta ayudar y todos los gastos han corrido por mi cuenta. Recuerdo que fui a Florida, donde dimos una clase de cómo invertir en propiedades en este estado. Yo pagué el hotel y mi estadía, así como cuando fui a México y les di una clase de tequila. Todo conlleva gastos y hacer un programa requiere invertir, por ejemplo, en mi vestimenta, pago, el internet, mis bebidas y tuve que contratar a una experta para crear un nuevo concepto en estos dos años, porque la verdad es que hay que innovar.

No me cansaré de dar educación, ya que la educación es poder y te lleva a lugares que nunca imaginarás. Nada dura para siempre, pero mientras Dios nos da la oportunidad, estaré trabajando para ustedes y dándoles la información necesaria para salir de la pobreza.

En el 2022 terminé mi libro ***El Código de Tu Imagen***, el cual tenía más de 10 años escribiéndolo. Tenía planificado publicar mi libro a principios de diciembre del 2022, pero mi diseñadora gráfica me dijo: Tenemos que parar, ya que le descubrieron cáncer. Tuvieron que darle quimioterapia. En ese entonces, tuvimos que parar el lanzamiento del libro. Después, con el tiempo, mejoró un poco, pero ya con las quimioterapias, el proceso fue más lento. Tuvieron que someterla a una operación en julio del 2022 y solo le faltaba un solo cambio al libro. En agosto se le hizo el cambio y tuve que ir a la República Dominicana a buscar 25 copias que tuve que imprimir para los canales de televisión. Solo le pido a Dios que le dé mucha salud y larga vida. Finalmente, mi libro se publicó el 23 de marzo del 2024 y escogí esa fecha porque mis padres se casaron ese día.

Una de las ideas que tuvimos durante mi programa fue que comencé a hacer el concurso *Lápiz y Papel,* donde mis seguidores tenían que comprar algo de mi línea y enviarme una foto para el concurso. Por la pandemia, no pudimos seleccionar a los ganadores. Me contacté con muchos patrocinadores para conseguir regalos para los que participaron, además de que donaran algunos regalos. Las categorías eran familia, dama, caballero, niña y niño. Solo recibí una foto de un caballero y no era una foto bien tomada. Por esta razón, eliminamos a los caballeros y seleccionamos a 2 damas para que el premio no se perdiera. En el mes de marzo cumplimos dos años en las redes sociales y el 1 de marzo comencé a colocar las fotos que me habían enviado para el concurso. Como no pudimos anunciar a los ganadores de *Lápiz y Papel* el 15 de abril de 2022, seleccionamos a los ganadores de *Lápiz y Papel* y de los videos que mis seguidores me enviaron. Algunos videos, la verdad, los disfruté mucho y otros me hicieron llorar. Les doy las gracias a todos mis seguidores por sus bellas palabras en los videos que me enviaron.

Actualmente, nadie puede negar que las redes sociales han cobrado un papel importante en nuestras vidas, llegando a incorporarse en todos los ámbitos. Estas son comunidades que están estructuradas por algún factor o interés en común. Dicho interés o relación se refleja por medio de internet, donde tiene lugar el contacto social, el cual me ha beneficiado en el sentido de que puedo educar a mis seguidores en diferentes áreas.

Al tener claro el significado de este término, podemos comprender mejor la importancia de las redes sociales, donde todo se publica con el propósito de compartir experiencias y analizar el impacto que generamos. Estas plataformas fueron creadas debido a la necesidad innata de las personas de socializar, ya que, por naturaleza, somos seres sociables, ya sea en las redes o en interacciones con amigos. La comunicación entre las personas es cada vez más sencilla; por lo tanto, los métodos de interacción han evolucionado, tanto en el ámbito personal como en el empresarial. Un claro ejemplo de esto es que ahora vivimos en un mundo dominado por la tecnología. Como resultado, se ha dejado de perseguir clientes para comenzar a atraerlos. En este contexto, juegan un papel fundamental el uso de blogs, la gestión de cuentas en redes sociales, la participación en eventos, la difusión de información relevante, la realización de encuestas, entre otros recursos.

Con esto en mente, no podemos negar la importancia de las redes sociales en la actualidad. De hecho, parece que cada vez surgen más plataformas en internet, incluidas redes sociales más especializadas. Un ejemplo de esto es que, cuando las personas quieren compartir fotos, recurren a Instagram. Esto es relevante porque, con redes sociales cada vez más específicas, podemos acceder a información clasificada y comentada por los usuarios. Más allá de lo mencionado, también contamos con diversas herramientas que nos permiten analizar nuestras métricas en redes sociales y evaluar nuestro alcance. Sin embargo, muchas de las webs creadas en este momento desaparecerán en unos años o incluso meses por no generar información veraz.

Sin embargo, hay que tener en cuenta que, como resultado de la infoxicación, encontrar contenidos relevantes y contrastados en la red es cada vez más complicado. De ahí surge mi programa, cuyo objetivo es ofrecer información educativa que rara vez se encuentra en las redes. Mientras muchos se enfocan en hacer chistes, otros en el ridículo y algunos en noticias de su área.

No obstante, hay un problema, y es la diversificación de la información, ya que la podemos encontrar segmentada en diferentes perfiles sociales, lo que hace que la información no sea correcta. Recuerdo que uno de mis seguidores dijo que vio a alguien afirmar que en las subastas sólo se puede comprar una casa, algo muy erróneo, ya que usted puede comprar todas las casas que quiera. Por eso, hay que tener mucho cuidado con la fuente de donde provenga la información.

Debido a esto último, siempre se corre el riesgo de perder información. Además, hay que tener en cuenta que, al igual que se crea la información rápidamente, también se destruye. De hecho, muchas de las webs que existían en los noventa han desaparecido, y muchas de las webs creadas en este momento lo harán en unos años o incluso meses por no crear información veraz.

A pesar de lo mencionado y de que las redes

sociales tienen sus ventajas y desventajas, no se puede negar que forman parte importante del presente. De hecho, están en todo; es decir, la mayoría de los sectores, como educación, salud, negocios, etc., usan estas plataformas.

La razón es la misma que hemos mencionado hasta ahora: la necesidad de compartir todo. Esto, en sí mismo, no es ni bueno ni malo, ya que mantener la comunicación es esencial, al igual que estar al tanto de lo que sucede.

Hay muchas cosas que mis seguidores no saben sobre las redes sociales. Piensan que un programa de una hora o una hora y quince minutos se hace tan fácil, y no es así. Si no tengo nada que hacer los domingos, comienzo a organizar mis programas de Instagram y Facebook. En Instagram, comienzo al menos tres días antes a leer y a organizarme; sin embargo, en Facebook me toma más de 60 horas de lectura, ya que es mi programa principal en las redes. Trato de leer lo más que pueda para que, cuando haga mi programa, la información sea la correcta. Recuerdo que en 2021 me llamaban mentiroso, y les dije que yo iba a España en el mes de diciembre, y que si me encontraban una mentira, les pagaría el pasaje y el hotel. Lo decía en cada programa, y la verdad es que fui a España. Cuando regresé, les dije a mis seguidores que nadie se había ganado el premio. Cuando salió una plataforma donde podía poner fotos, comencé a mostrarles las noticias de donde leía todo lo que decía. Desde ese día, dejaron de llamarme mentiroso porque no solo les ponía las fotos, sino que también, al terminar mi programa, les colocaba las noticias de los medios. Los latinos, en su mayoría, no pagan por medios para informarse, y esa es la diferencia. Trato de utilizar medios estadounidenses prestigiosos para que mis seguidores obtengan la información correcta.

Recuerdo que la gente me atacaba tanto que, en uno de mis programas, les dije que los latinos son pobres porque las familias abusan de los talentos de sus miembros sin pagarles. El ejemplo que di fue que, si hay una mujer que sabe de salón, toda la familia se arreglaba el pelo gratis. Les expliqué que a todo el mundo hay que cobrarle, ya que sus conocimientos no se dan de manera gratuita. La verdad es que ya han pasado más de dos años sin que me ataquen, porque ahora siempre comparto las noticias y las fuentes de donde saco la información. Recuerdo que había una señora de Massachusetts que me insultaba y hablaba mal de mí. Le envié un mensaje de voz y le dije que, si quería verme en la corte, dejara de hablar de mí. Su respuesta fue que su hermano trabajaba en el FBI, y la verdad es que no supe qué decía el mensaje porque nunca lo leí completo. Le envié otro mensaje y le dije que ella podía ser la esposa del presidente, pero lo que estaba haciendo se llamaba difamación de carácter. Publicó en Facebook lo que era la difamación de carácter y, dos horas después, ella borró todos los videos en los que hablaba de mí. Nunca hablé de ella porque no quería que se hiciera famosa, pero mis seguidores de Massachusetts me informaban de todo sobre ella. Hoy en día, ella se ha dado cuenta de que todo lo que he dicho ha sido cierto y ya no habla de mí.

Muchas personas me atacaron de manera muy mala, pero gracias a las redes sociales podemos bloquear a quienes nos insultan. Muchos de mis seguidores no saben la fe que tengo y que siempre oro antes de cada programa. No comienzo un programa sin haber orado. Generalmente, a las 7:45 p.m., antes de comenzar, me arrodillo y oro. Si tengo un invitado, trato de orar con él y colocar el programa en las manos de Dios. Al finalizar, oro nuevamente, agradeciendo a Dios por poner en mi mente, mi voz y mi información las bendiciones necesarias. Sin embargo, todo no es perfecto. A veces se me olvida orar, y por eso he comenzado mi programa uno o dos minutos más tarde. Creo profundamente en el poder de la oración. Es tanto así que, en tres años de programa, hemos superado todas esas energías negativas de personas tóxicas. A veces me pregunto por qué algunos seres humanos quieren hacer daño si lo único que he hecho es ofrecer información para ayudar a mis seguidores. Muchos se han beneficiado en diversas áreas, y no entiendo por qué me atacan cuando lo único que hago es proporcionar información que los medios latinos no ofrecen. Cuando introduje las clases de subastas, ningún medio había hablado sobre el tema, y ahora muchos de mis seguidores tienen más de cinco propiedades, algo que parecía imposible obtener en el mercado regular.

La gente no sabe que gastó más de 200 dólares en medios americanos que me informan sobre todo lo que digo en mi programa. Todo lo que digo proviene de los medios que leo. Nunca he dicho algo que no salga de ellos; lo único que he dicho fuera de los medios fue cuando predije los estímulos. Ahí me di cuenta de que la gente no lee. A principios de 2023 salió una aplicación que me permitía hacer presentaciones tipo PowerPoint en Facebook. Desde ese día, comencé a incluir la noticia y luego la publicaba, y fue cuando dejaron de insultarme y de decirme que hablaba mentiras. Creo que llegué a muchas personas que no leen, porque cuando decía algo, no lo creían, y luego veían que lo que decía era cierto. Hay mucha gente que ni lee ni tiene sentido común. ¿Cómo un candidato al Congreso de los Estados Unidos va a hablar mentiras? Si lo hiciera, saldría en las elecciones. Trato de traer a mi programa noticias actualizadas que provengan de fuentes respetadas y prestigiosas.

En septiembre de 2023, recibí un mensaje que me asustó un poco, ya que contenía una amenaza y mencionaba a un amigo, algo que pocas personas saben. Por eso me sentí algo incómodo. Automáticamente, bloqueé a esa persona y le envié el número a mi abogado. Él me dijo: Mira, los políticos y las figuras públicas siempre son amenazados, no te preocupes, no te va a pasar nada porque tienes seguridad. La verdad es que, cuando entré en la política, no sabía que mi vida iba a dar un giro tan grande, porque los políticos reciben muchas amenazas. Por eso utilicé seguridad, y más ahora que tengo un programa que es muy visto. Cuando viajo, tengo seguridad en todas partes y me siento mucho mejor, porque me siento protegido. Es un poco costoso, pero mi vida vale más que estar en las calles arriesgando mi seguridad.

Cuando hablé de los $32,000, dije que era para todo el mundo y no era así. Al otro día, hice un video nuevo, pero una compañía lo vio y me envió un alguacil con un documento que yo no leí. Se los di a mis abogados y ellos llegaron a un acuerdo en el que yo tenía que borrar los videos donde hablaba de ellos. Así lo hice y todo siguió normal.

Siempre tengo un vaso de agua para mí y para mi invitado, y servilletas, ya que durante el programa cualquiera puede tener un estornudo. Aunque muchos de ustedes me ven con un vaso de cerveza, champán o ron con cola, es parte del show. No soy de tomar, solo tomo en eventos o con amigos, máximo tres bebidas. Nunca me he emborrachado y nunca me gustaría emborracharme, ya que si yo soy profesor de protocolo e imagen, imaginen al profesor borracho. A mí se me pasan días y semanas sin tomarme un trago. Me gusta mucho el vino tinto. Nunca tomaba cerveza hasta que me operaron de las piedras en los riñones y aprendí que la cerveza era buena para los riñones. De ahí las tomo, y no más de dos, porque no me gusta ir al baño, ya que la cerveza hace que uno vaya mucho al baño. Cuando estoy en un evento, le digo al bartender que me dé un jugo de cranberry con limón, así todos piensan que estoy tomando mi bebida con vodka. Esto lo hago para tener control y mantener mi educación. Los engañó con una bebida que no tiene alcohol, la cual ellos piensan que tiene alcohol al ver el limón.

La ropa para los programas de los miércoles y viernes la elijo al menos tres días antes. No me gusta ni el día anterior ni el mismo día pensar qué tipo de ropa voy a utilizar. Todos mis invitados deben llamarme una semana antes para que yo les pueda decir las preguntas que tengo y las que ellos tienen. Les explico que, cuando entren, no pueden hablar hasta que yo termine de introducirlos. Además, les digo que utilicen colores, pero nunca colores neutros. Todo es un proceso; tanto así que, si ellos quieren que les coloque un post, deben enviarlo dos días antes, porque no me gusta ensayar el mismo día. Hay invitados que me han cancelado el mismo día por emergencias, pero siempre tengo un programa guardado por si alguno de ellos me cancela. Trato de tener todo bajo control. Mis programas se ven casi perfectos, y es porque todo lo que hablo no sale de mi mente. Hago como en la televisión: todo está escrito y lo leo. Nadie se da cuenta porque colocó el teléfono de manera que puedo leer y al mismo tiempo ir subiendo la información. Trato de hacerlo de esta manera para que nada se me olvide. Siempre elijo los nombres de las personas a las que sorprendo con los saludos.

Muchas personas se han ofendido cuando doy regaños, pero lo hago con diplomacia, ya que escojo mis palabras cuidadosamente. Nunca he dicho una mala palabra en mi programa. Si doy un regaño, es porque la persona se lo merece. Si uno cruza la raya, se encontrará con algo que no esperaba. Si alguien insulta a uno de sus hijos, de inmediato va a defender a su hijo, porque nadie puede cruzar esa línea. Mis seguidores saben que siempre los he tratado con respeto y educación, pero cuando usted entra a mi programa y comienza a insultarme sin que yo lo haya hecho, trato de defenderme. Una vez, una señora me llamó bizco y, sinceramente, eso no se debe hacer. Nadie debe insultar los defectos de los demás; hay que tener mucho cuidado con las críticas. He recibido cientos de insultos cuando lo único que hago es dar información para ayudar a todas las personas que entran a mi programa, pero muchos se han dedicado a insultarme y desacreditarme. Entonces, les hago una pregunta: si alguien lo insulta a usted en frente de los demás, ¿se va a quedar callado(a)? No, usted va a defender su reputación con uñas y dientes.

Mi programa le tengo un respeto tan grande que los días de mi programa no contesto llamadas ni hablo con nadie. Mi familia lo sabe, y esos días les digo que no me llamen. Amo lo que hago y me fascina ayudar. Me siento orgulloso de mi programa porque nadie en las redes sociales hace lo que yo hago. Diario contestaba más de 500 mensajes, pero hoy en día recibo entre 100 y 175 mensajes, y todos son respondidos antes de irme a acostar. Todo parece muy fácil, pero he tratado temas desde mujeres abusadas, compra en subastas y pagos de renta. He sido el único en dar esa información. Pero como psicólogo, cada vez que me atacan, veo a esas personas como mis pacientes, porque a mí nada ni nadie me roba mi felicidad.

Mis programas están planificados de 3 a 6 meses antes. Eso significa que, al menos tres meses antes, ya tengo en mi agenda quién va a estar y quién no en mi programa. Muchas personas han tratado de pagarme para estar en mi programa, pero les digo que no. Me cuido mucho, ya que cualquier persona, evento o lugar puede dañar nuestra reputación. Recuerdo una pareja que vino de Miami y quería estar en mi programa. Mi equipo siempre investiga a mis invitados. Días después me enviaron la carta de la corte donde les negaron hacer negocios en Florida. Les dije cortésmente que su información no estaba lista para mi programa. Nuestra reputación es tan importante que, si un día la perdemos, ni las riquezas más grandes del mundo pueden recuperarla. Toda una vida me he cuidado con quién salgo. Soy muy selectivo con mis amistades y a quién le dedico mi tiempo. Tengo en mi teléfono la lista de quién va a estar en mi programa, pero todo parece muy simple. Sin embargo, no es tan fácil conseguir los invitados cuando quiero.

Cuando viajo, trato de mantener la misma categoría de mi programa. En 2022, me enteré de una plataforma para hacer mi programa más profesional. Tuve que hacer las entrevistas por teléfono, ya que me dio problemas. Pero no pasaron dos meses cuando me recomendaron otra plataforma, y me resultó muy buena, ya que cuando comienza mi programa, puedo colocar mi logo con música y la cuenta regresiva de 30 segundos. Además, con esta plataforma puedo colocar fotos mientras hablo, música, puedo poner mi presentación solo y tapar a mi invitado(a). No ha sido fácil, pero planificar y tener mis invitados por tres meses en mi lista me ayuda mucho.

A mí me encanta tener invitados, ya que cuando tengo invitados no tengo que investigar tanto y ellos me ayudan a estar más descansado. Tengo un protocolo para mis invitados: primero los invito, luego nos comunicamos por lo menos dos veces antes de la entrevista. Algo muy importante es que nadie puede estar en mi casa el día de mi programa. Recuerdo que uno de mis invitados nunca me envió sus preguntas, y el día de la entrevista me llamó. No le contesté y no lo dejé entrar al programa. Cuando terminó mi programa, le expliqué por qué no lo dejé entrar. Le dije que mi programa era muy organizado y que no podía entrar a una persona que nunca me envió las preguntas y nunca habló conmigo. Siempre les digo que si me cruzan por el frente o van a buscar agua a la nevera, eso me distrae.

Nadie puede estar ni en mi casa ni en el lugar donde hago el programa, solo yo y mi invitado.

En ocasiones, el invitado viene con alguien y le doy varias opciones: ir a mi cuarto o quedarse tranquilo y observar. Un día invité a los nuevos empresarios a mi programa y hubo uno que llegó borracho. Les di a los invitados un papel en el que les informaba que esa persona no iba a salir en la presentación. Minutos más tarde, esa persona se durmió y nunca fue entrevistada. Ahora ustedes entienden por qué soy tan exigente con mi programa. Mis invitados deben estar en mi casa por lo menos dos horas antes, ya que los días de mi programa no cocino, ordenó comida y de 6:45 p.m. a 7:00 p.m. Les doy la comida a mis invitados. Ese tiempo lo utilizamos para coordinar lo que vamos a hablar. Es muy raro que yo coma antes de mi programa, no me gusta. Mayormente como después de mi programa. Mis invitados siempre se quedan dos horas más después del programa, ahí hablamos de lo que fue positivo y lo que debemos mejorar para la próxima entrega.

Siempre le digo a mis invitados el color que voy a utilizar para que no usemos el mismo color. Una semana antes, me tienen que enviar sus preguntas y yo les envío las mías. Siempre les digo que tengan buena iluminación y que no haya ruido. Aunque usted no lo crea, es un proceso y toma tiempo hacer un programa para que salga como lo planifiqué. Se ve muy bien hecho, pero trato de que cada detalle sea tomado en cuenta porque en una hora no es suficiente para hacer la entrevista y contestar todas las preguntas. Es por eso que siempre damos números de teléfono y toda la información necesaria para que los espectadores puedan aprovechar todo.

Uno de los casos más impactantes en mi programa sucedió en abril de 2022, cuando estaba entrevistando a uno de mis invitados. Yo tengo dos teléfonos: uno que utilizo en Estados Unidos y el otro lo uso cuando viajo a otro país. Yo odio cambiarle el chip a mi teléfono de los Estados Unidos, por eso tengo dos teléfonos y en ambos tengo las mismas aplicaciones. Ese día de la entrevista, leí un mensaje de una de mis seguidoras que se encontraba en Ucrania. Inmediatamente le envié un mensaje para que ella nos contara sobre la guerra. La internet en Ucrania era muy débil, pero ella me llamó por cámara para enseñarnos las calles de Ucrania, que estaban totalmente vacías.

Creo que eran las 3:30 a.m. con el cambio de hora. Ella estaba mirando mi programa porque no podía dormir. Sé que ella es de un país latino y fue a estudiar a Ucrania. Durante 5 minutos, me fue enseñando todo sobre el lugar donde se encontraba. Le dije que nos mantuviera informados sobre su estadía. Días después, recibí un mensaje de ella donde me decía que la Cruz Roja de Alemania la iba a sacar de Ucrania. Los mensajes que ella me enviaba los tomaba en fotos y los colocaba en mi Facebook. Días después, ella fue transportada y llegó a Alemania. La invité a mi programa para que nos contara su historia, pero no la entendía; no era fácil el trauma que todos estaban atravesando. Ese mes viajé fuera de los Estados Unidos y me dijeron que ese programa dejó mucho que hablar en algunos medios de noticias. La verdad es que esa noche les dimos las buenas vibras y le dije que íbamos a orar por ella y por Ucrania.

Mi programa ha sido más que una bendición, ya que un trabajo no se hace solo. Mi hermano ha sido una parte muy importante en el área de investigar quién viene a mi programa. Tengo amigos abogados que siempre están pendientes para hacer todo por la ley. Pero al final, la responsabilidad está bajo mis hombros, donde soy yo el que tengo que leer e investigar, el que elige a los invitados. Muchas personas han querido venir a mi programa y pagarme, pero cortésmente les digo que no, ya que me cuido mucho a quién traigo. He traído invitados que han hecho un trabajo excelente con mis seguidores, especialmente una agencia para ayudar a las mujeres abusadas. Además, he aprendido tantas cosas en estos 3 años, como que una agencia ha ayudado a mis seguidores con los seguros médicos y también con seguros médicos en Nueva York para indocumentados. Algo que aprendí es que en el estado de Nueva York, una persona con visa puede solicitar un seguro médico por tres meses, algo que muchos medios nunca lo habían dicho.

Las redes sociales nos han conectado con muchas personas que nunca pensamos volver a ver. Muchas están en países lejanos al suyo y la verdad es que nos ha dado la bendición de saber las noticias en segundos. Las redes nos han conectado con el mundo y esa es la mayor bendición. Nunca pensé que en un momento tan difícil íbamos a palpar la guerra entre Rusia y Ucrania. En mi programa he visto personas conectadas de Alaska, España, Nepal, México, Perú, Colombia, República Dominicana, Islas Vírgenes, Puerto Rico, Ecuador, Chile, Costa Rica, India, Rusia, Turquía, Paraguay, Bolivia, Argentina, Canadá, Italia y otros países más. Esto ha sido más que una bendición, conectarme en una noche con tantos países. A esto le llamo bendición divina.

Agradecido de todas las personas que cada viernes en Facebook y los miércoles en Instagram se conectan para que cada día aprendan de mí y de mis invitados. Muy agradecido, no importa en qué país se encuentren; lo más importante es que muchos de ustedes comenzaron a darle cachetadas a la pobreza. A todos aquellos que me defienden y siempre pelean por mí, muchas gracias.

No tengo palabras para expresar cómo muchos de mis seguidores rezan por mí y siempre me desean lo mejor cada día en mi vida. No importa quién trate de desacreditarme o de hundirme, nadie conoce tus talentos ni tu pasado para tratar de hacerte daño. Lo importante es mantenerse enfocado, hacer el bien, porque tus triunfos les molestan a los demás. De la vida aprendí que no me importa lo que la gente diga de mí, porque lo que dicen de mí se lo han creado en sus mentes para hacer daño. Cuando hago el bien, recibo muchas bendiciones en mi vida y de eso se trata, de que lo que hacemos por los demás, sólo Dios se encargue de ver lo que hacemos.

Entré a las redes sociales por la política, pero me di cuenta de que nuestros latinos necesitan estar más informados sobre muchas cosas que desconocen. Es por eso que me he dedicado a traer temas que ni los políticos ni los medios han tratado. En algunos estados hay fondos para que las personas de bajos recursos puedan comprar sus casas. También, una persona de más de 62 años y que gane menos de 50 dólares al mes puede congelar su renta. Además, las ciudades ofrecen abogados gratuitos. En fin, los temas son muchos, pero nunca se nos educó en las finanzas ni en cómo invertir en nuestro futuro.

Sé que mi programa no tendrá los seguidores que tienen muchas personas que solo hacen el ridículo en las redes. Siempre he dicho que no me importa cuántas personas me sigan, sino cuántas personas logramos transformar sus vidas. La información tiene poder, y es de ahí de donde podemos llegar a darle una cachetada a la pobreza.

Lo más maravilloso que me ha sucedido en estos

cuatro años es que más de 5 billones de personas han visto mi programa. Algo que nunca imaginé, y lo más sorprendente es que la India es donde más se ha visto mi programa, con más de 485 millones de visualizaciones, y en segundo lugar están los Estados Unidos, con 465 millones. Sé y estoy seguro de que las personas ven mi programa por todos los temas de educación que trato de llevar los miércoles y viernes en mi programa.

Dios me ha colocado en las redes sociales para transformar vidas, y no importa quién me critique ni quién vaya en mi contra. Mientras esas personas se enfocan en cómo destruirnos, a nosotros cada día nos va muy bien, y mis seguidores continúan aprendiendo a comprar casas en subastas, adquirir ropa de marca a bajo costo, volar en primera clase a precios accesibles y muchos otros temas más. Aquí, ni yo, ni mis seguidores, ni mis opositores harán lo que ellos quieran. En mis programas, todo está en orden divino, y solo Dios puede hacer que lluevan bendiciones cada día en la vida de mis seguidores y en la de sus familias. Todo lo podemos en Cristo, que nos fortalece.

Para muchos, la pandemia fue algo catastrófico, pero para mí fue una bendición, ya que nunca antes había estado tanto tiempo sin trabajar. Ese tiempo pasó muy rápido porque me gusta mucho leer. Sin embargo, lo aproveché al máximo y me dediqué a escribir. Terminé mi primer libro, *El Código de tu Imagen*, y luego escribí el segundo, que posiblemente se llamará *Cachetadas a la Pobreza*. En 2023, mi segundo libro pasó a manos del corrector y, como tenía mucho tiempo libre, escribí el tercero, *365 Días de Imagen*. En ese entonces, planifiqué los diez libros que voy a escribir y decidí lanzar uno por año. También me enfoqué en las estrategias para el lanzamiento de mis libros. Es decir, la pandemia me ayudó a escribir; nunca perdí mi tiempo viendo televisión ni hablando de temas que no estuvieran alineados con mis objetivos. El tiempo se nos va de las manos y los días pasan muy rápido, por eso trato de aprovecharlos al máximo. Los domingos los dedico a la oración y solo hablo con mis padres. Además, ese día ordenó comida, ya que lo tomó para dedicárselo a Dios. La verdad es que, después de terminar mi primer libro durante la pandemia, tuve la oportunidad de completar cinco más, algo que ni yo mismo podía creer.

En junio del 2022 no podía creer que fui invitado por el presidente de El Salvador, Nayib Bukele. No lo podía creer, ya que es un presidente que es admirado por el mundo. Recuerdo que la invitación era para principios del mes de agosto y durante ese mes nos cancelaron por el alto índice de COVID. Quería entrevistarlo y me dijeron que escribiera una carta solicitando la entrevista. La hice. Me dijeron que muy pronto me enviarían la invitación. Espero en Dios que pueda conocer al presidente más querido del mundo.

Muchas frases se hicieron famosas en mi programa porque, en cada tema, trataba de traer una que se adaptara a la conversación. Algunas eran serias, mientras que otras resultaban muy divertidas. A continuación, las frases que se dieron a conocer en mi programa:

- Nadie le gana a Dios dando.
- Somos la economía.
- Si usted tiene 15 años en Estados Unidos y no

tiene una casa, un apartamento o un negocio, autodeportes.

- Lápiz y papel.
- Hay un millonario dentro de ti.
- Quiero vivir como Oscar de la Renta.
- Dale una cachetada a la pobreza.
- Donde hay educación, no hay distinción de clases.
- Que digan lo que quieran de mí.
- Usted se merece un boche.
- Hay que leer.
- La sonrisa enamora y es gratis.
- No escuchan.
- No lo voy a repetir.
- Brindemos.
- Es que no leen.

Todas estas frases son parte de mi programa y la gente las ha adaptado a sus vidas. Mis seguidores siempre las utilizan en su día a día.

Una de las cosas para las que nos estamos preparando es abrir mi fundación, la cual ayudará a los niños y ancianos de la República Dominicana y Estados Unidos. Hace años, muchas personas me han dicho que abra la fundación. Aunque aún no la tengo, llevo más de 15 años ayudando a ancianos y niños de la República Dominicana. Nadie me da nada, todo lo hago yo porque me gusta ayudar a los demás.

En 2023, tuve un proceso muy difícil en mi vida y

estuve viendo a un pastor, donde aprendí a poner a Dios en primer lugar. Mi relación, mis finanzas y mis amistades marcaron un antes y un después en mi vida. Tenía 3 años y medio en las redes, y durante ese tiempo no salía ni leía, es decir, mi vida estaba centrada en las redes sociales. Por esa razón, tomé una decisión y, en 2024, comencé a hacer solo un programa en las redes, ya que quería dedicar más tiempo a Dios y a mi vida. La vida es corta y el tiempo vuela, así que decidí ser feliz conmigo mismo.

Mis seguidores no saben el compromiso que tengo en cada programa. Cada semana tengo que invertir de 60 a 80 horas en lectura para que mi programa tenga la información correcta. No tengo tiempo para ir a un museo, leer un libro o salir; en resumen, no tengo tiempo para nada. Por eso, en 2024 solo haré un programa en Facebook y uno en Instagram a final de mes. Esto me permitirá hacer lo que quiero, pero, ¿qué es nuevo que vendrá a mi programa? Durante esas tres semanas que no haré programas, viajaré a diferentes países y hablaré de gastronomía, viajes; cada 15 días recomendaré un libro y también recomendaré restaurantes. Es decir, seguiré trabajando, pero de una forma en la que pueda viajar y ustedes aprender. Lo hice porque tengo que hacer cosas que le den sentido a mi vida.

El 8 de marzo se considera el Día Internacional de la Mujer, y el 8 de marzo de 2024, invité a una de mis seguidoras que había intentado suicidarse varias veces. Ese día ella vino a mi programa, y aproveché la oportunidad para hablar de mi vida, algo que nunca hago. Les expliqué a mis seguidores todo lo que había sucedido en 2023 y les conté que, cuando predije los estímulos, nunca fui yo quien los dijo, sino que Dios me utilizó para dar esa información. Fui el único en los Estados Unidos en predecir los estímulos, y todos salieron como dije. Claro, tenían que salir, porque fue Dios quien me habló. Ese día, mis seguidores se enteraron de cómo yo predije los estímulos.

Lápiz y Papel
Ramón Rodriguez

Tus Sueños se Realizan Cuando Tienes Fe y Agradecimiento.

Dr. Ramón Rodríguez Herrera

Capítulo 4

Cada vez que alguien se va de tu vida Celebra y Agradece

Lápiz y Papel
Ramón Rodriguez

Siempre mis padres me han inculcado que nunca debemos traicionar ni hacerle daño a nadie, porque la vida muchas veces te da sorpresas y te puede regresar lo que hiciste. Los daños que haces hoy, con el tiempo, recibes tu merecido en el futuro. A mí siempre me va bien porque nunca he insultado a nadie. Trato de no hacerlo porque no es justo que alguien, después de insultarte, te pida perdón, y el perdón, para mí, no es suficiente. Siempre he creído que antes de hablar se debe pensar para no insultar, ya que un insulto es como una copa: la tiras al piso, se rompe, y cuando la tratas de pegar, quedan las marcas. Es por eso que tengo muchas personas que me quieren. Cuando alguien me insulta, trato de no hablar, observo y después tomo la decisión de alejarme. Es la mejor medicina para el alma y la mente. Soy bendecido, ya que muchas personas quieren ser mis amigos, pero con el tiempo me he dado cuenta de que hay personas que llegan a nuestras vidas con un propósito, y es que ellos cumplan sus necesidades. Una amistad se basa en estar en todos los momentos felices y cuando necesitas esa persona para una palabra de aliento.

Recuerdo cuando estábamos en la crisis financiera del 2011. Fui a visitar a una amiga doctora a su nuevo local, el cual no solo era su oficina, también había un espacio donde las personas lo rentaban para reuniones. Era como para 50 personas el espacio. Ese día compartí con ella y me dijo que la dueña debía varios meses de renta, o sea, debía como 25 mil dólares y estaba buscando a alguien que se asociara con ella, ya que ella tenía una carta de una institución que le iban a dar 125 mil dólares para un programa de niños. Esa tarde la dueña llegó y hablamos de que si ella conseguía ese dinero, le podía pagar intereses. Llamé a una amiga, a ella le gustó el negocio y le prestó 15 mil dólares, y la doctora 10 mil. Como ella tenía contratos de eventos para universidades, ella me ofreció un porcentaje. Pasaron los meses y el dinero no llegaba. La primera excusa que dio fue que ese día hubo una tormenta y no pudieron darle el cheque de 125 mil dólares. Pasó el tiempo y después nos dijo que no le habían depositado porque le habían cerrado la cuenta. Recuerdo que en el verano, la doctora, su esposo y yo nos sentamos a discutir del dinero y su astucia nos convenció a esperar.

Un día vi el escritorio de ella y algo me dijo: Abre la segunda gaveta. La abrí y había un folder. Escuché su voz y entré al consultorio de la doctora. No podía creer lo que encontré. Había otra carta que decía lo mismo que le iban a dar 125 mil dólares para un programa, pero del año presente, ya que la carta que nos enseñó era del año pasado. Llamé a la doctora y le dije: Yo creo que todo esto es un cuento, porque cómo va a ser que ya van 250 mil dólares, o sea, 125 mil del año pasado y ahora 125 mil del presente. Pasaron los días y, cuando llegué a su establecimiento, había un carro afuera de su negocio. Me dijeron: Tú vas a ver a la dueña. Les dije que sí, y me dijeron: Si la ves, dile que estamos aquí, que ella nos debe un dinero. La esperé por dos horas y me fui a casa. La llamé y le dije que había dos personas afuera esperándola. Ella me dijo: Ya hablé con ellos.

Era enero 5 cuando la dueña del negocio nos dijo que la inauguración del proyecto, que era para el 6 de enero, se había cancelado porque ellos tenían que celebrar el Día de los Reyes. Fue ahí que la duda que tenía sobre ella, de que todo este dinero que decía que le iban a dar era falso, comenzó a crecer, porque los americanos no celebran el Día de los Reyes, y cómo iban a cancelar un evento donde le supuestamente dieron 125 mil dólares para un programa de cocina para niños. Días después, ella nos enseñó los correos electrónicos que le habían enviado, algo que parecía muy real. Pasaron los meses y cada día eran historias una detrás de otra. Luego nos dijo: Esta semana van a depositar el cheque. Todos estábamos esperanzados, pero mi duda era tan grande que no le creía nada. Ya teníamos tres años esperando este famoso cheque que nunca llegaba.

Recuerdo que un viernes, era como las 3 de la tarde, y llamé a la institución que supuestamente le iba a dar el dinero. Me presenté y les dije por qué los estaba llamando. Les mencioné que la dueña de un negocio iba a recibir 125 mil dólares de su institución. El señor me respondió que ellos no daban esa cantidad, que lo máximo que daban eran 2 mil dólares. El señor me dijo: Ven el lunes a mi oficina a las 10 a.m. Ese día llamé a la doctora y le dije que tenía una cita con el señor que supuestamente le iba a dar 125 mil dólares a la señora.

La doctora me dijo: Yo voy contigo. Llegó el tan esperado lunes, y cuando llegamos, les conté toda la historia. Primero les enseñé la carta donde decía que le iban a dar 125 mil dólares a la señora para un programa de cocina para niños. El señor leyó la carta y dijo: Esto no lo hicimos nosotros, esto es falso porque nuestra institución no da más de 2 mil dólares. Además, esa firma no es la mía. Luego le dije: Pero usted le envió varios correos electrónicos a ella. Les mostré los correos y me respondió: Todo esto es falso. La segunda carta que encontré la tomé en una foto y después les mostré una copia. El señor me dijo: Este es un caso grave. Todo esto es falso. Yo no quedé tan impresionado porque desde hacía mucho tiempo le decía a la doctora que algo raro había en todo esto, y la doctora ni hablar podía. Esa mañana, la dueña del negocio fue descubierta como toda una ladrona.

Algo muy interesante es que cuando ella nos dijo que les iban a dar 125 mil dólares, ella nos dijo que el proyecto les exigía tener cámaras en el lugar por si a un niño le pasaba algo. Un día desconecté la cámara e hice que estaba limpiando, y a los dos minutos llamó a la doctora para preguntarle quién desconectó la cámara. Le dije a la doctora que el programa no ha comenzado y que por qué ella estaba tan preocupada por la cámara. Comencé a ir todos los días a su negocio y le decía que yo iba a visitar a la doctora, y con todos los que iba, hablaba. Al pasar el tiempo, me di cuenta de que todas las personas que iban a su negocio eran a cobrarle; ella le debía dinero a muchas personas, tanto así que había personas muy furiosas cuando iban a su negocio. Todo esto hizo que yo no creyera en ella.

Ese lunes, la doctora y yo fuimos a ver si ella estaba en el negocio. Si estaba, la doctora comenzó a hablar con ella. Como mi amiga le prestó 15 mil dólares, yo me sentía responsable de ese dinero. Cuando me le acerqué, recuerdo que le dije en voz normal (porque no me gusta hablar muy alto): Mira, si no quieres que tus hijos y nietos te vayan a ver a la cárcel, págame el dinero que nos debes. Hoy fuimos a ver esta institución y nos dijeron que todo esto de los 125 mil dólares es una mentira. No solo hiciste una carta, hiciste dos y falsificaste los correos electrónicos. La verdad, eres una mujer muy astuta. Le dije, Escúchame bien, queremos el dinero para el 15 de febrero. Ella se mostró muy segura de que nosotros no sabíamos lo que hablábamos. Yo nunca pensé que un ser humano, por dinero, haría tantas cosas que parecían reales.

Estaba tan incómodo que, después de ponerla en su puesto, me fui a casa. Más tarde, la doctora me llamó y me dijo, Yo creo que ella está loca, porque dice que sí, que ese dinero se lo van a dar. Comencé a hacer eventos con ella y, en solo dos fines de semana, ella hizo 38 mil dólares para una universidad donde yo hice casi todo en esos eventos.

Al final, después de calcular el porcentaje que ella me tenía que dar, me debía 14 mil dólares porque teníamos una asociación. Recuerdo que estaba de viaje y, el 14 de febrero, me envió un mensaje diciendo que iba a depositar a la doctora, a mi amiga y a mí. El día 15, la doctora me llamó y me dijo que ella le había depositado 5 mil dólares, y mi amiga me dijo que a ella también le depositó 5 mil. Más tarde, fui a ver mi cuenta de banco y solo me depositaron 2 mil dólares.

Pasó el tiempo, le cerraron el negocio por falta de pagos y, desde ese día, no hemos sabido nada de ella. Todavía ella tiene una cuenta pendiente de 10 mil dólares con mi amiga y 5 mil con la doctora, eso sin contar que me quedó debiendo 12 mil dólares. Lo triste de la historia es que todo estaba bajo contrato. Es muy importante que, antes de hacer cualquier negocio con alguien, investigue todo lo que pueda para no caer en lo que caímos nosotros. Por nuestra parte, teníamos contrato y todo en orden, pero la dueña, con su astucia, no solo nos engañó a nosotros, sino a todas las personas a quienes les pidió dinero prestado.

Otro caso muy interesante que me sucedió fue con una amiga, la voy a llamar la Penda para omitir su nombre. La conocí a través de mis talleres y nos hicimos muy buenos amigos. Tan buena fue la relación que, a pesar de que no me gusta dormir fuera de mi casa, no solo dormía en su casa, sino que también íbamos a cenar juntos y viajábamos juntos. Ella la consideraba como mi madre porque ya tenía más de 60 años de edad. La relación fue creciendo tanto que mi familia la acogió como si fuera parte de la nuestra. Todos los viajes que hacíamos a Europa, yo con mis conexiones de hoteles conseguía buenos descuentos y todo lo hacíamos juntos. Sus días libres eran sábados y domingos, y algunas veces ella pasaba por mi casa a recogerme y me pasaba el fin de semana con ella. Salíamos de compras, cocinábamos y tratábamos de hacer muchas cosas juntos.

La amistad fue creciendo tanto que ella ya conocía a mi familia y yo conocía a la de ella. Yo tengo 3 buenos amigos en mi país, 2 son de mi niñez y uno de mi adolescencia. Los dos son hermanos; uno vive en mi pueblo y el otro vive en Santiago, a 30 minutos de distancia de mi pueblo. Mi relación con la Penda era tan bella que todos decían: Tú y Penda siempre juntos, la verdad es que la quería como una madre. Cada vez que ella cumplía años le daba los mejores regalos, le daba comida cruda de mi trabajo, como camarones y carnes, para que ella lo cocinara. Pasó el tiempo y conoció a alguien con quien comenzó una relación de novios. Ella ya no iba sola a mi trabajo, sino que iba con él a recoger todo lo que me daban. Cuando teníamos eventos, le llevaba flores a su madre, la cual vivía un piso más alto que mi madre, o sea, que su madre y la mía vivían en el mismo edificio. Es por esta razón que cuando mi madre cocinaba, le daba comida a ella para que la llevara a su trabajo. Mi amiga tenía la llave de mi apartamento y, después de ella, la llave de mi apartamento la tenía mi madre y mi hermano.

Una vez fueron a Puerto Plata, ella y su novio, y les dije que mi amigo los iba a invitar. Así fue, conoció a mi amigo, él los invitó y pagó la cuenta. Mi amigo, cada vez que venía a Nueva York, les traía regalos como dulces, bolígrafos con su nombre y otras cosas.

Recuerdo que en diciembre del 2018 ella vino a mi casa y me dijo: Me enteré de que tu amigo viene, traten ustedes de darle tiempo, yo no podré verlo. Mi respuesta fue simple, solo le dije: OK. Ese diciembre, mi amigo me trajo unos dulces y le trajo dos a ella. Como ella veía a mi madre más que a mí, le dejé los dulces a mi madre para que se los entregara. Un sábado, ella estaba en casa de mi madre y cuando estaba en la puerta, al irse, mi madre le dijo: Espera, que el amigo de Ramón te trajo un dulce. Ella levantó la mano y dijo: No, no, está bien, e inmediatamente cortó a mi madre y se fue. Esto quiere decir que no le aceptó los dulces a mi mejor amigo, ni a la persona que un día los invitó a comer.

Pasaron los días y mi madre no me quiso decir que mi amiga Penda no aceptó los dulces de mi amigo. La próxima semana fui a visitar a mi madre y recuerdo que mi amigo, en vez de dulces, trajo unas galletas de leche riquísimas. Cuando abrí su nevera, vi un dulce y la mitad del otro dulce, y le dije a mi madre: Pero estos son los dulces de Penda. Ella me dijo: Mi hijo, siéntate, tú sabes que a mí no me gusta hablar, y me contó todo lo que sucedió. Al final me dijo que no los quiso aceptar. Pasaron los días y recibí una llamada de su prima. Yo estaba en New York y su prima estaba en República Dominicana. Su prima la consideraba como una madre y es por eso que le dije: Quiero decirte algo, pero no se lo digas a nadie. Le dije que no entendía por qué Penda no aceptó el dulce de mi amigo, cuando yo acepté a una amiga que fue prostituta en Suiza, además de que le acepté dos amigos de ella que estuvieron muchos años en la cárcel, y no entendía por qué ella no aceptó los dulces a mi amigo. Le dije que mi amigo estudió contabilidad en una de las mejores universidades de mi país y ahora está estudiando su segunda carrera, de abogado. Le pedí dos veces más que, por favor, no dijera nada, que esta conversación era confidencial entre ella y yo. Al final, le dije tres veces que no lo contara a nadie.

QUE DIGAN
QUE QUIERAN
DE MI
RAMÓN RODRIGUEZ

Cuando abrí su nevera, vi un dulce y la mitad del otro dulce, y le dije a mi madre: Pero estos son los dulces de Penda. Ella me dijo: Mi hijo, siéntate, tú sabes que a mí no me gusta hablar, y me contó todo lo que sucedió. Al final me dijo que no los quiso aceptar. Pasaron los días y recibí una llamada de su prima. Yo estaba en New York y su prima estaba en República Dominicana. Su prima la consideraba como una madre y es por eso que le dije: Quiero decirte algo, pero no se lo digas a nadie. Le dije que no entendía por qué Penda no aceptó el dulce de mi amigo, cuando yo acepté a una amiga que fue prostituta en Suiza, además de que le acepté dos amigos de ella que estuvieron muchos años en la cárcel, y no entendía por qué ella no aceptó los dulces de mi amigo. Le dije que mi amigo estudió contabilidad en una de las mejores universidades de mi país y ahora está estudiando su segunda carrera, de abogado. Dos veces más le pedí que, por favor, fuera algo confidencial, que esta conversación era entre ella y yo. Al final, le dije tres veces que no se lo dijera a nadie.

En 2018, recuerdo que era el mes de abril. Fui a visitar a mi madre y llevaba los regalos que les había traído de República Dominicana, entre ellos unos dulces de coco que a Penda le gustaban. Al rato, ella llegó y le entregué mis dulces. Después le dije: Hablé con tu prima esta semana. Ella cambió el rostro y me dijo, con voz muy molesta: "Sí, yo sé, ella me lo dijo. Tú no sabes quién es ella para mí, ella es como una madre". Hubo una pausa y seguimos hablando, pero me pareció muy raro el tono de voz que ella utilizó. Pensé por un momento que sé que su prima le contó todo a ella, pero yo dije la verdad: ella puede defender a la prostituta o a las personas que estuvieron en prisión, pero lo que le hizo a mi amigo sin explicarlo... aquí, el que tiene la razón soy yo.

En sus vacaciones de 2 meses en los meses de verano, ella nunca me habló y yo le di su espacio. Recuerdo que en septiembre de 2019 invité a una amiga en común a comer, y cuando llegó al restaurante, llegó su hermana y me dijo que su hermana no pudo venir porque su madre estaba enferma. Pero pensé por dentro: ¿y por qué tú no te quedaste con tu madre si fue a tu hermana a quien yo invité? Enseguida pensé: ya Penda está regando el chisme a sus amigas. Su amiga que invité a comer nunca se disculpó ni me envió un mensaje explicando por qué no fue. Yo no dije nada sobre todo esto que estaba sucediendo. Después, mi invitada y yo nos tomamos una foto, se la envié a Penda y nunca comentó. Mientras estaba en República Dominicana, recuerdo que ella se juntó con mi hermano en Nueva York y le dio las llaves de mi apartamento. Ese día, mi hermano me dijo que yo iba a ser candidato al congreso, y ella dijo que no le gustaba la política y que no la metieran en ese rollo. Más tarde, mi hermano me llamó y me dijo que ella les entregó las llaves de mi apartamento. Me encontré esto muy raro, ya que fui yo quien le di la llave de mi apartamento y no mi hermano. O sea, ella debió de entregarme la llave a mí. Cuando mi hermano me dijo eso, solo llegó a mi mente: aquí se terminó una amistad de más de 20 años.

Yo tengo una frase que todos saben que utilizo mucho: "Que se vaya el que se tenga que ir, que venga el que tenga que llegar, pero que la voluntad de Dios no se desprenda de mi vida." Pasó el tiempo y un día me encontré con una amiga en común que vive en el mismo edificio que yo. Hablamos un rato y después nos despedimos. Fui a buscar al sótano la ropa que estaba lavando. Recuerdo que fue en septiembre de 2021, cuando teníamos más de dos años sin vernos, debido a la pandemia. En mi edificio solo aceptaban a 3 personas en el elevador. Cuando entré, estaba en el piso de la lavandería, que se encuentra en el sótano. Venían dos personas y yo era el tercero. Alguien se salió del lobby y Penda entró porque iba al último piso a visitar a nuestra amiga en común. No me saludó y yo tenía un paquete en la mano, así que, para no verle la cara, empecé a abrirlo lentamente. Cuando llegué a mi piso, les dije permiso, salí y no le hablé.

Cuando yo conozco a alguien por primera vez, siempre le digo: El día que escuches que yo dije algo, pregúntamelo, porque hay familiares, amigos y compañeros que quieren destruir amistades. Penda sabía de esto, pero nunca supe las mentiras que su prima le dijo, ya que su prima, para mí, era una celosa y envidiosa de nuestra amistad. Penda es psicóloga, y los psicólogos saben cómo los familiares destruyen relaciones y amistades.

De mi parte, nunca hice nada que la ofendiera; al contrario, ella me ofendió a mí, primero al no aceptar el dulce de uno de mis mejores amigos. Además, todos saben que su amiga fue prostituta y sus amigos estuvieron mucho tiempo en la cárcel. Yo nunca hablé mal de Penda, pero como psicóloga, debió hacer un análisis, observar y hablar con una persona que ella consideraba su mejor amigo.

Una amistad verdadera no se puede cambiar por nada en la vida, no importa quién tiró el veneno en las relaciones de amistades, parejas o compañeros de trabajo. Lo importante es siempre investigar y no asumir, porque cuando asumes, todo se puede dañar. Siempre investiga antes de tomar una decisión. Todos mis amigos saben que la persona que se va de mi vida, al otro día, no recuerdo que existió, porque es saludable para la mente, el cuerpo y el alma.

Todos los años yo iba al trabajo de Penda a dar talleres gratuitos a los niños sobre etiqueta y protocolo, y el impacto en los niños era tan positivo que su escuela me dio un reconocimiento por el trabajo. Tenía muchos años escribiendo un libro de etiqueta, protocolo e imagen. Mis talleres fueron tan buenos que, cuando se hacían ferias los sábados, ella me ayudaba con los talleres de los niños. Por más de 15 años doné mis talleres a su escuela. En el año 2021, recuerdo que en octubre vi que una presentadora de televisión estaba hablando de un libro y lo tenía en sus manos. Cuando abrí el video, ustedes no lo van a creer, mi ex amiga escribió un libro de etiqueta y protocolo, de cómo 14 páginas para niños. Me pregunté, pero ¿cómo pude haber tenido una enemiga durante tantos años? Y la verdad es que es una manifestación de envidia. ¿Cómo una persona que solo es psicóloga y profesora puede escribir un libro que no tiene títulos de protocolo ni de imagen? Fui a la nevera, destapé una cerveza y dije: Dios mío, tú eres maravilloso, tú nos quitas las personas y es siempre por una razón que solo tú sabes. Muchas veces no sabemos las personas que quieren lo mejor para nosotros. Las envidias se disfrazan de diferentes caretas, y cuando el amor prevalece, de mi parte o de la suya, no podemos ver más allá.

Soy muy agradecido con Dios por las personas que se van de mi vida y por las que llegan. A mí solo me hace falta Dios, porque al final es Él quien suple todo en nuestras vidas. Hoy, Penda no existe en mi vida, y si un día viene a pedirme perdón, la escucharía, pero de mi parte ni podrá entrar ni podrá con sus excusas. El no aceptar el dulce de mi amigo, entregarle la llave de mi apartamento a mi hermano, el no opinar sobre la foto enviada, escribir un libro de mis conocimientos y lanzarlo antes que yo, son cosas que Dios ve. Yo la perdoné hace tiempo porque no guardo rencor en mi mente ni en mi vida, pero lo que hizo, la verdad, es que ni en la calle quiero encontrarla.

Así es, el amor es como una planta a la que debes echarle agua; si la descuidas, se puede secar o alguien la puede mover de lugar. Siempre he dado lo mejor de mí, pero la verdad es que a muchas personas les duele, y enfrentarla es como un balde de agua fría. Gracias a Dios que, después de que ella se fue de mi vida, llegaron personas mejores que me han enseñado que, cuando alguien se va, hay que celebrarlo, y cuando alguien llega, también. Cuando entendemos que solo Dios puede mover las piezas, entendemos que nadie le gana a Dios dando.

En el año 2015 comencé a trabajar para una empresa en Nueva York. Recuerdo que comencé en el mes de marzo, y mi tarea era organizar eventos en las aguas de Nueva York. Estos eventos los realizaban las compañías, ya que eran muy costosos. Había otro gerente, a quien voy a llamar Izaro. Él comenzó a entrenarme, pero como yo había trabajado en hoteles lujosos, él se encargaba de los restaurantes y fiestas públicas. Estas fiestas públicas eran eventos en los que el promotor vendía las entradas y la compañía ganaba dinero con las bebidas que se vendían.

Un día, durante mi entrenamiento, organizamos uno de estos eventos, el cual fue exitoso. Recuerdo que fue un sábado. El lunes, alrededor de las 3 p.m., Izaro pasó por mi oficina y me dijo: Me acaban de despedir. A mí se me salieron las lágrimas porque él fue quien me entrenó y fue muy bueno conmigo. Después de una hora, mi jefa pasó por mi oficina y me dijo: Despedimos a 8 empleados por el desastre que sucedió el sábado y por el robo masivo que hubo. Vimos las cámaras y pudimos ver que, cuando iban a robar, a ti te mandaban a otro lugar. Quedé atónito. Desde ese día, no volví a ver a Izaro.

En 2019, estaba desfilando como invitado en el Desfile Dominicano en Nueva York, y al día siguiente Izaro me envió un mensaje por Facebook y me saludó. Teníamos 4 años sin hablarnos. Nos intercambiamos los números y recuerdo que vino a mi casa. Hablamos del pasado y del presente. En marzo de 2020, comencé a hacer programas en Facebook, y en ese tiempo, Izaro me planteó su negocio. Le dije: Tú no lo sabes, pero lo que haces es algo para hacerte millonario. Él vendía unos jugos maravillosos para bajar de peso, y en solo 5 días podíamos perder entre 4 a 12 libras. Mi hermano y yo comenzamos a ayudarlo, y en 8 meses, Izaro había hecho medio millón de dólares en mi programa vendiendo jugos.

Recuerdo que estaba renovando mi apartamento, y mi amigo, que era el encargado de la remodelación, estaba en casa. Le decía que sentía que Izaro me tenía envidia, porque siempre me decía que la gente me envidiaba, y le comenté: Tú sabes que eso, en psicología, se llama proyecciones, o sea, que el que me envidia es él. Ese día, Izaro llegó a casa, fue al baño y le dijo a mi amigo: "Así es como quiero el baño, como el de Ramón." Los dos nos miramos.

Pasaron dos semanas, y nos volvimos a juntar los tres en casa. Mi amigo me dijo: Ramón, tú necesitas un perro. Yo voy a República Dominicana y te voy a traer un Shih Tzu. Le dije que sí, e Izaro dijo: Yo quiero uno para mi hijo. Recibí mi perro, y cuando mi amigo lo llamó para que le diera el dinero por el perro que le trajo, Izaro dijo que no tenía dinero. Con el tiempo, me fui dando cuenta de que Izaro me tenía envidia, pero yo no decía nada.

Recuerdo que en 2020, uno de mis amigos que vive en República Dominicana vino a visitarme, y también Izaro vino a visitarme. Izaro dijo que se iba, y le dije a mi amigo que iba para el Bronx: Llévalo a su casa. Más tarde, mi amigo me llama y me dice: Ese amigo tuyo, Izaro, está loco. Él me insultó y dijo que el que te hiciera algo a ti se las tendría que ver con él, y hasta me insultó. Yo no le dije nada, pero cada día observaba más su conducta.

Ya era octubre de 2021. En enero, Izaro había hecho medio millón de dólares, es decir, que para octubre estaba cerca del millón, gracias a mí y a mis ideas. Mis amistades saben que a mí me gusta ayudar y no hago nada por dinero, pero Izaro nunca dijo: Déjame darle algo a Ramón por ayudarme. Ese octubre, como él tenía vehículo, me trajo un saco de habichuelas de 50 libras y un aceite grande que se iba a enviar a mi padre. Le pagué por todo esto, y desde ese día dejó de hablarme. Todavía ni mi familia ni mis amigos entienden por qué dejó de hablarme. Yo llegué a la conclusión de que muchos llegamos a este mundo a ayudar, y cuando cumplimos esa misión, Dios fluye y las personas se van. No sé si esta persona está en depresión, no sé por qué se alejó, pero el día que venga a mi vida lo escucharé. No podemos juzgar a nadie por sus decisiones; trato de no tomar nada personal porque los seres humanos siempre vivimos imaginando cosas, y eso no es bueno. Sé que un día aparecerá y hablará de lo que le sucedió.

Muchas veces tenemos personas con diferentes personalidades y formas de pensar. Con los años, soy más selectivo al elegir un amigo. Todo lo que se ve muy bonito podría resultar en el futuro un estorbo. Aprendí que, antes de que me visiten, elijo conocer a la persona. Antes de tomar una decisión, trato de que sea positiva, y observó qué hacen mis amigos por mí y por los demás.

Aprendí que no importa quién me hirió, quién habló mal de mí, quién trató de desacreditarme o quién intentó quitarme lo que me daba felicidad. Al final, Dios tiene lo que cada quien se merece y te quita lo que no tiene que estar en tu vida. Mientras más oro, Dios me quita lo que no me pertenece. Siempre trato de ser feliz cada minuto de mi vida, porque al final, no hay mayor recompensa y felicidad que el amor que nos dan nuestros padres, que es un amor verdadero.

Estos casos los he compartido como parte de una lección de vida, ya que muchas veces las personas llegan a nuestras vidas para enseñarnos algo. Por otro lado, también tengo testimonios de amistades maravillosas que han sido muy importantes para mí. Cuando hago un inventario de mi vida, me doy cuenta de que he tenido muchas amistades valiosas, una lista grande. Por una o dos personas que nos fallaron, no debemos cerrar las puertas que Dios nos tiene abiertas. Recuerden: que se vaya el que se tenga que ir, que llegue el que tenga que llegar, pero que la voluntad de nuestro Dios nunca se separe de nosotros.

Cuando estuve en la capital en la universidad, recuerdo que fui a la biblioteca a buscar el periódico. Tuve que dejar mi identificación para que me lo prestaran. No me dio tiempo a leerlo y me lo llevé a casa. Al día siguiente se me olvidó regresarlo, y cuando fui a buscar mi identificación, estaba un señor a quien le pondré como el Falso. Le dije que me diera mi identificación y me respondió: ¿Y el periódico? Le dije que lo dejé en casa. Me dijo: Debes pagar una multa. Y no lo van a creer, me cobró el periódico tres veces el precio que costaba. Furiosa, se lo pagué y me fui.

Días después, él se acercó, me pidió disculpas y me dijo que no eran sus reglas, que eran las reglas de la universidad. Al siguiente semestre tomamos casi todas las clases juntos y, en un proyecto, el profesor nos eligió a los dos para trabajar juntos, lo cual odié en ese momento. Con el tiempo nos hicimos amigos porque íbamos los viernes juntos en la misma guagua. Yo me quedaba primero y él se quedaba en la próxima ciudad. Siempre que iba a República Dominicana, iba a verlo hasta que un día perdimos el contacto y no supe más de él. Los dos le preguntábamos a personas que teníamos en común y nada.

Con el tiempo, recuerdo que grabé un programa de televisión donde él salió cuando estaba en Nueva York. Su hermana estaba viendo el programa, le dijo: Mira a Ramón, y dieron mi contacto. Él guardó mi número.

Un día me llamó alguien y dijo: Este es el número de Ramón. Le dije, ¿Sí? Me contestó: El Falso me dijo que te diera su número para que lo llames. Lo llamé dos días después y comenzamos a hablar. Le conté lo que estaba haciendo con el protocolo y me dijo: Vamos a asociarnos y vamos a dar los talleres aquí. Me dijo: Cómo tú eres el maestro, te llevas un 60% y yo un 40%. Le dije: Vamos a hacerlo.

Siempre he trabajado con un chef en Nueva York y le pagamos el pasaje para que nos ayudará. Nos iba súper bien en los talleres, ya que cada vez que hacíamos uno, se llenaba. Me dijo: Yo estoy trabajando en la universidad, vamos a dar un taller. ¿Qué crees? Le dije: Sí, pero ellos son pobres, vamos a cobrarles para pagar el hotel y la gasolina. Le sugerí: Vamos a cobrarles 500 pesos, que en ese tiempo eran como 8 dólares. Fuimos, dimos el taller y fue un éxito.

Seis meses después, un estudiante me escribe y comenzamos a hablar. Algo me dijo: Pregúntales cuánto les cobraron por el taller que diste. Unos minutos más tarde, le pregunté: Mira, queremos dar otro taller, y ahora no recuerdo cuánto fue que le cobramos. El estudiante me dijo: Fueron 700 pesos. Quedé mudo, porque supuestamente él me había dicho que habíamos cobrado 500 pesos. De los 500, les tocaron 200, más los 200 extras que les cobró al final.

Él salió con 400 estudiantes y yo con 300. Pocos meses después, recuerdo que era enero, le dije que yo iba a ir en abril al país para que organizara un taller para finales de abril o principios de mayo. Me dijo que me dejaría saber. Cada vez que iba al país, yo le llevaba toallas, sábanas, comidas enlatadas y lo invitaba a cenar a muchos lugares.

Cuando estábamos en el mes de marzo, el chef, mi amigo, me dijo: Pero no sabía que te ibas a ir a principios de abril. Le respondí: No, es al final. Y él me dijo: El Falso anunció un taller llamado. Sea un buen anfitrión que se dará en un colegio cerca de tu casa. Fui y me metí a su Facebook, y efectivamente el taller estaba pautado para el 10 de abril, y yo llegaba el 20. Me enteré de que él y otra persona que fue mi estudiante organizaron este taller. Él nunca organizó el taller que le dije.

Un día lo llamé y le dije que estaba en casa. Al día siguiente, fue a mi casa, y le dije: Falso, yo te quiero mucho como amigo, pero no podemos mezclar la amistad con los negocios. Yo te dije que venía en abril para que organizáramos un taller y no lo hiciste conmigo, si no lo hiciste con una señora en un colegio. Él nunca pensó que yo lo sabía, y le dije: ¿Cómo vas a dar un taller de protocolo cuando el profesor soy yo, y tú tomaste mis documentos, los cuales solo yo puedo utilizar? Escucha bien lo que te voy a decir: Si me entero de que estás dando talleres con mi material, te voy a demandar, porque yo pagué bastante dinero para que tú destruyas mi imagen y reputación.

Él no dijo nada, terminamos la conversación, y al otro día me eliminó de su Facebook y dejó de hablarme.

Todo en la vida tiene su sacrificio, y nadie puede tomar lo que has hecho con tanto esfuerzo para ganarse la vida con tu talento. El Sr. Falso nunca me habló más, y me di cuenta de que el dinero era más importante que nuestra amistad. Cuando engañas a alguien, al final siempre sale a relucir. Nunca supe más de él, pero yo lo perdono. Él allá y yo aquí, ya lo que él destruyó, no se puede construir de nuevo.

Ahora les voy a hablar de una mujer que conocí cuando estaba en la universidad, vamos a llamarla Olga. Esta joven, cuando estábamos en la universidad, le conseguí un empleo en el hotel donde yo trabajaba. Después, vine a Nueva York a trabajar para una de las mejores compañías hoteleras. Con el tiempo, le dije que la iba a recomendar porque había una posición en la tienda del hotel. Le conseguí la solicitud y la llamaron para la entrevista. Semanas después, ella comenzó a trabajar en el hotel. Cuando tenía 5 meses en el hotel, le sugerí que, cuando cumpliera 6 meses, pidiera ser transferida a la recepción, ya que los beneficios y el pago eran mucho mejores. A los 6 meses, ella solicitó el puesto en la recepción y se lo dieron. Años más tarde, su padrastro era el doctor del presidente de mi país en ese entonces, y ella decidió ir a vivir con su madre a la República Dominicana, ya que su padrastro le consiguió un trabajo en el gobierno. Siempre que iba a mi país, la buscaba; algunas veces la veía, otras veces no. Cuando iba a visitarla, le llevaba cosas que eran muy baratas en Nueva York, pero muy caras en la capital, como plátanos, berenjenas, auyama, ajíes y muchas otras cosas. Pasó el tiempo, y luego ella decidió venir a vivir a Nueva York para que su hijo pudiera estar en una escuela para perfeccionar el idioma. Ella comenzó a trabajar para una compañía de limpieza. Le pedí de favor que le consiguiera un trabajo a mi cuñado, y me dijo que sí, pero el tiempo pasaba y ella no hacía nada. Soy de las personas que no repiten las cosas más de una vez; le pedí un favor y nunca me ayudó.

En enero de 2020, le pedí que por favor pidiera con tiempo el 23 de junio, que era el día de las elecciones. Le dije que ella estaría en el centro de votación que estaba en mi edificio. La necesitaba para que estuviera afuera y repartiera promociones. Todos los sábados ella venía a casa, donde teníamos reuniones sobre la campaña, y nunca faltó un sábado. Cada mes le recordaba que pidiera el 23 de junio, que era el día de las elecciones. Tengo que admitir que, para mí, Olga la trataba siempre muy bien, le conseguí empleos y la ayudé siempre. La semana de las votaciones, acordamos que ella llegaría a mi casa entre las 8 y 9 de la mañana. En nuestro país, si uno pide un día libre específico, te dicen con tiempo si te lo darán o no. Llegó el 23 de junio, el día de las elecciones, y recibí un mensaje de Olga a las 7:00 a. m. diciéndome que no podría ayudarme porque no le dieron el día. Me pregunté cómo es que hoy, el mismo día de las votaciones, me dices que no puedes venir, además de que no me llamaste para explicármelo. Me puse a analizar todo y me dije: Nunca ayudó a mi cuñado, y el día más importante de mi vida no vino a apoyarme. Ella, para ir al salón o a una reunión en la escuela de su hijo, pide días libres. Recuerden que le mencioné este día más de 6 meses antes, así que ella no tenía excusa para cancelarme el mismo día de las elecciones. Además, yo la ayudé a comprar su apartamento en Nueva York, aunque todavía no lo tiene, pero está en la lista de espera.

Ustedes se preguntarán, ¿y qué hiciste después del 23 de junio? No volví a hablarle, porque yo nunca pido favores, y ese día le pedí el único favor, el cual era el día más importante para mí. Yo no tengo rencor ni guardo resentimiento, pero la saqué de mi vida porque los amigos deben estar cuando más los necesitas, y si no están ahí, no son tus amigos. Noté que Olga es malagradecida, ya que en su proceso de evolución la ayudé a conseguir empleo y a tener pronto su apartamento en Nueva York. Yo no permito que, si he hablado durante tanto tiempo sobre un proyecto y no se me apoya, entonces haya problemas.

Toda una vida me he dado por entero con mis amistades. Tengo muy buenas amistades y otras a las que solo les importa el dinero y lo que más les convenía, pero Dios nos quita a esas personas porque Él sabe que no nos convienen. Y si estamos abiertos a lo que Dios nos quita, nunca nos dolerá y nunca nos hará falta, porque al final ellos verán que nunca tendrán a un ser humano como nosotros, que lo único que hacemos es el bien y dar lo mejor de nosotros.

No importa quién nos traicione, quién se vaya de nuestras vidas, o quién no esté con nosotros en los momentos que más necesitamos. Yo estoy muy convencido de que no hay nada más maravilloso que recibir lo que Dios nos da y lo que Dios nos quita. Nunca debemos sentirnos mal por el que se fue; al contrario, debemos brindar por lo que Dios nos quita, porque más adelante verás que todo tiene una razón de ser. La vida es una evolución continua que nos permite ver quiénes nos quieren, quiénes nos envidian y quiénes se tienen que ir de nuestras vidas, porque la vida es un ciclo en el cual debemos estar siempre en constante felicidad, no importan las circunstancias ni los malos momentos. Recuerda, tú eres una luz divina de Dios, y para muchos verte brillar es una molestia. Aprende a brillar en el lugar correcto y con las personas correctas.

En mi vida se me han ido muchas personas que consideraba mis amigos y a las cuales ayudé bastante, pero la vida nos da lecciones y ellos muestran quiénes son, y ahí es cuando debemos alejarnos de ellos. La verdad es que no les guardo rencor ni me importa lo que estén haciendo con sus vidas; de mi parte, yo me concentro en mi vida y en mi felicidad. Siempre digo que hay que orar por las personas que te aman y por las personas que te traicionan, porque hay un Dios que todo lo ve, y al final, son ellos los que pagan por sus traiciones. Siempre he dicho que los apegos no son buenos, ya que te pueden hacer daño. El único apego que debes tener en tu vida es apegarte a Dios.

DONDE HAY
EDUCACIÓN
NO HAY DISTINCIÓN DE
CLASES
RAMÓN RODRIGUEZ

En 2024 decidí alejarme de mucha gente y lo hice por mi salud mental, física y emocional. Solo me quedé con las amistades de muchos años. No tengo tiempo para esas personas que solo vienen a cumplir sus objetivos y llegan para hacer daño. Tengo que parar ese tipo de gente y es por eso que 2024 será dedicado a mi Dios, el único que me suple y llena mi vida de alegrías.

Algo muy importante que aprendí es vivir con la voluntad de Dios, ya que si Dios me quita a alguien de mi vida, ya no sufro porque Él tiene un propósito para mí, el cual entenderé después. Mientras tanto, todo el que se va de mi vida es porque mi Dios no los quiere cerca de mí. Usted debe aprender esta fórmula, la cual les ayudará a entender por qué las personas cumplen un tiempo en nuestras vidas y luego se van.

Traje a un joven para que diera talleres sobre cómo comprar casas en subasta. Él hizo más de 700 mil dólares en mi programa y un día un seguidor lo llamó y le dijo que yo hablé mal de él en mi programa. La verdad es que yo nunca hablo de nadie y nunca he hablado de nadie, y él me insultó, me dijo muchas cosas feas. Por mi educación, fue bloqueado. Así de simple.

Hay puñales en las sonrisas de los hombres, especialmente cuando son más cercanos, son más sangrientos.

Capítulo 5

Camino al Congreso de los Estados Unidos

Mexican Chocolate

El año 2019 fue un año maravilloso en mi vida, donde tuve la oportunidad de escalar en varias áreas.

Cuando terminé mis dos maestrías, dije que no me pondría un anillo de graduación si no era de una buena universidad. En 2019 regresé de la Universidad de Harvard y mi alegría fue tan grande de haber tomado Design Thinking en una de las mejores universidades del mundo. Fue aquí cuando dije que nada es imposible para Dios, que nosotros somos los que ponemos los límites en nuestras vidas. Dos semanas después, mi hermano me dijo que él, un amigo y él querían hablar conmigo. Hicimos una cita y nos reunimos en mi casa. Cenamos y nos tomamos unos tragos. Cuando comenzaron a hablarme, me dijeron: Tú, por años, has ayudado a muchas personas y es tiempo de que lo hagas a un nivel más alto. Solo escuchaba y me tomaba una copa de vino. Me dijeron: Es tiempo de que el año que viene estés en el Congreso de los Estados Unidos. Varios minutos después, les dije: Pues estoy preparado. Los dos nunca pensaron que mi decisión iba a ser inmediata; ellos pensaban que me iba a tomar varias semanas.

Pensaba que el amigo de mi hermano era experto en política, por eso decidí entrar. Pasaron los días y comenzamos a hacer actividades en mi casa para atraer personas que nos ayudarían en la política. Todos los sábados teníamos actividades, donde cada sábado tenía un menú diferente para cada tipo de público. En noviembre de 2019, vi que el amigo de mi hermano estaba un poco extraño. Este señor anteriormente tenía cáncer. Todos pensamos que se había alejado por el cáncer, pero mi corazón callaba, sentía algo extraño. En el mes de diciembre no estuvo activo en mi campaña, la cual comenzamos en septiembre de ese mismo año. El 1 de enero fue cuando me visitó porque tenía una comida. Luego lo vi el 7 de febrero en una actividad política que hicimos. Después no lo volví a ver. Le dije a mi hermano: Esto es muy extraño, que alguien que quería que estuviera en la política hoy no esté activo.

Mientras pasaban los días, conocíamos muchas personas. En septiembre de 2019, conocí a un político que él y su esposa estaban ayudándome en lo que era necesario. Éramos un equipo de 5 personas: mi hermano, el amigo de mi hermano, el político, su esposa y yo. Este equipo estuvo activo en todo momento hasta el mes de marzo de 2020, donde hubo un alejamiento del político y su esposa. Como Dios siempre está conmigo, me enteré de que otro político, que iba en mi contra, le ayudó a él a conseguirle una beca en la Universidad de Harvard para su hija. Desde ese momento, esa persona se fue de nuestro lado y nos traicionó. El amigo de mi hermano es muy amigo del político que iba en mi contra y los dos tomaron una actitud muy extraña que yo había notado. Sin embargo, muchas personas me ayudaron en el proceso de ir camino al Congreso de los Estados Unidos.

En enero de 2020, mi hermano, quien estudió política, y yo decidimos actuar y comenzar a hacer todo lo necesario para estar en la boleta. Todas las personas que estaban cerca de nosotros pensábamos que sabían el proceso y nos dimos cuenta de que no tenían idea del proceso. Un día me encontraba en Filadelfia, en un casino, con mi hermano, y una amiga me dijo que me sentara porque tenía una buena noticia. Me senté y me dijo que uno de los políticos más grandes de los Estados Unidos quería verme y me dijo su nombre. No lo podía creer. En ese momento, no me importó dónde estaba, me arrodillé en el casino y le di tantas gracias a Dios. Hicimos una cita para que él fuera a mi casa. Ese día fui al hotel, tomé una copa de vino y le di tantas gracias a Dios. Varias semanas después, mi amiga fue con su esposo y el hermano de su esposo, que quería ayudarme en la política. Tres semanas después llegó el gran día. Le dije a mi amigo chef que me cocinara. Esa noche fue mágica, donde hablamos de política y estrategias. Después de la cena, me dijo que me quería ver en su oficina y quedé atónito porque él cobra mucho dinero por media hora y lo quería hacer gratis. Un mes después, nos reunimos en su oficina para planificar las estrategias. Él nos recomendó un abogado, el cual no teníamos y era necesario.

Días después contactamos a un abogado para que nos dijera cuál sería el proceso para estar en la boleta electoral. Nos reunimos con un abogado que al mismo tiempo era juez en la ciudad de Nueva York. Nos dijo que teníamos que tener al menos 1,200 firmas para estar en la boleta. Todo es un proceso, se comienza con un día y tiene un límite para hacerlo. Comenzamos el proceso de buscar las firmas, pero llegó la pandemia. El gobernador de Nueva York bajó el número de firmas a 375, pero conseguimos 1,800, ya que algunas no pasarían. Cada hoja tenía 8 firmas y solo los ciudadanos de los Estados Unidos podían firmar. Los políticos tienen días específicos para hacerle retos a las firmas. Tres de los que iban en la boleta electoral no pasaron. Un viernes, a las 5:30 p.m., me llamó mi hermano y me dijo: ¿Estás sentado?, y le dije no, recostado. Me dijo: Felicidades, estarás en la boleta el 23 de junio. No sabía qué decir, no sabía qué hacer, porque es muy difícil estar en una boleta electoral. El proceso se ve simple, pero es difícil. Tengo que admitir que gracias a mi abogado, el proceso fue superfácil.

En el mes de marzo, la pandemia fue tomando fuerza. El 10 de marzo, el gobernador decidió cerrar las compañías que tenían más de 10 empleados. El 12 de marzo, recibimos una carta de nuestro trabajo informándonos que debíamos quedarnos en casa debido a la pandemia.

Comencé a comprar mucha comida para almacenarla porque sabía que algo extraño sucedería debido a los contagios que estaban ocurriendo en el mundo. Mi hermano y yo teníamos todo listo para la campaña: página de internet, redes sociales, cuenta de banco y el equipo que nos iba a ayudar. Mi equipo estaba compuesto mayormente por mujeres que se dedicaron en cuerpo y alma a la campaña.

En esos días, fui a visitar a mi doctor y me advirtió: Cuídate mucho, tu contrincante no es una buena persona. No salgas solo y ten precaución con los lugares que visitas. En ese momento, mi vida cambió y supe que debía idear un nuevo plan, aunque aún no sabía cuál.

En el mes de abril de 2020, los casos de coronavirus eran alarmantes y me pregunté: ¿cómo hago política en las redes sociales sin que se vea que estoy haciendo política? Cada día le pedía a Dios por una idea, no sabía qué hacer porque ya todos estábamos en casa. Pasaban los días hasta que un día dije: Pero yo sé de tantos temas, debería comenzar a educar a mis seguidores en todas las áreas. Comencé a hacer transmisiones en redes sociales los viernes y a educar a los latinos en diferentes áreas. Recuerdo que en mi primer programa en vivo tuve 473 personas. Cada viernes se añadían más y más personas a mi programa. A las personas les gustaban los temas y siempre venía con temas de actualidad y temas que les interesaran a mi público.

Las reuniones se convirtieron en un apoyo en casa todos los sábados con personas clave. Como a mí me gusta cocinar, todos los sábados trataba de hacer un menú diferente, es decir, elegía un país para la comida. Siempre tenía envases para llevar porque, como era sábado, no quería que muchos de ellos cocinaran el domingo. Los sábados pasaron, y ya había un toque de queda. Cada día se añadían más y más personas a lo que llamábamos Ramón al Congreso. Aprendí mucho durante mi campaña, ya que la persona que vino con mi hermano siete meses antes de las elecciones desapareció por arte de magia; jamás lo volvimos a ver. Había otro que se había postulado a otros puestos y venía con su esposa; siempre le daba comida para que sus hijos comieran. Este señor lo llamaré el traidor. Desde que nos conocimos, todos los sábados venía a mi casa. Su hija fue a un casting en la Universidad de Harvard porque ella canta ópera. El traidor habló con mi opositor para que le consiguiera una beca a su hija, y la suerte estuvo de su parte; mi opositor le consiguió la beca, y el traidor nunca me informó nada, me enteré por otras fuentes. Hubiera sido excelente si me decía lo que estaba sucediendo, y lo hubiera entendido, porque los padres hacen todo por sus hijos. El traidor y su esposa dejaron de hablarme; nunca supe de ellos, pero los demás me decían que los veían en eventos, y él les decía: No sé qué le pasa a Ramón conmigo. Siempre he creído que Dios limpia tu camino cuando te encuentras con personas que te traicionan. Solo dos personas salieron de esta contienda política.

Llegó el día de recoger las firmas. Cada candidato

necesitaba más de 300 firmas, pero como estábamos en pandemia, las redujeron a 450 firmas. Por un momento, pensamos que eran 375 firmas. Mis hermanos formaron una parte muy fundamental al recoger las firmas junto a otra amiga. El proceso fue muy interesante porque mi hermana era la que más estaba en la calle recogiendo firmas. Cada día se sumaban más personas ayudándome a recoger las firmas. En este proceso, tuvimos que buscar un abogado, como les dije anteriormente, porque entregar las firmas es un proceso y hay que presentarlas como si fuese un libro. El abogado, mi hermano y yo las organizamos todas, y días después fueron llevadas al lugar de las elecciones. Cualquier candidato puede pedir que se investiguen las firmas, y este proceso es un poco tedioso porque hay que pagar más dinero a los abogados. Yo corrí con la suerte de que sometimos las firmas, y había un día para objetar las firmas. Días más tarde, recibo la buena noticia de que era el número 1 en la boleta. Para ser la primera vez, todo fue de una manera muy buena, ya que pasé y no me hicieron objeciones, y las elecciones eran en junio de 2020.

Yo dije: Quiero hacer un programa en las redes, pero que no se vea como política por la pandemia. Comencé mis programas de redes sociales en marzo de 2020, o sea, tres meses antes de las elecciones, y cada viernes tenía 400, y en algunos casos un poco más, de personas que veían mi programa. En el mes de mayo hablé de un estímulo que el gobierno pensaba dar, y días después de mi programa, alguien cortó el video donde decía todo lo que el gobierno pensaba dar. Esto no estaba aprobado, pero el que veía el video veía la parte donde explicaba el estímulo. Mi video se hizo viral y ese día amigos de los medios de televisión me llamaron y me explicaron lo que estaba sucediendo. Tuve que hablar ante los medios y decir que mi video fue cortado y que no estaba completo. Por una parte, esto fue muy beneficioso para mí porque comencé a tener más público. De 400 personas, ya se conectaban hasta 120 mil personas todos los viernes. La idea no era hablar de política, sino que las personas me conocieran, y utilicé el método de la educación. Comencé a dar ideas en muchas áreas y mi frase favorita se volvió famosa: Lápiz y papel. Les decía a mis seguidores todas las noches: Lápiz y papel, porque ellos debían guardar la información para eventos futuros.

Cada semana venía con una nueva frase, y un día comencé a decirles a mis seguidores que teníamos que darle una cachetada a la pobreza. De ahí surgieron programas que ayudarían a mis seguidores a invertir en propiedades, subastas, bolsa de valores, viajar inteligentemente, en fin, todo lo que fuera educación en todos los niveles. Un día se me ocurrió decirles que si algunos de mis seguidores tenían en Estados Unidos 30 años y no tenían una casa, un apartamento o un negocio, deberían autodepurarse. Aunque fue un chiste, muchos dijeron: Él tiene razón, y muchos de mis seguidores comenzaron a invertir en sus casas, ya sea en los Estados Unidos o en su país natal. Como siempre hablaba de educación, les decía que donde hay educación no hay distinción de clases. Pero todo no era color de rosa; en mi programa entraban personas tóxicas a insultarme, y de ahí comencé a dar boches diplomáticos. De ahí viene la frase: Usted se merece un boche.

Se aprobó el estímulo 1 y, después, en mi programa predije el estímulo 2. Muchos me insultaron, por lo que los tuve que bloquear. Cada día decían que yo no sabía y que estaba hablando mentiras. De ahí surgió otra frase, y les decía que nosotros somos la economía. Después de un tiempo, se aprobó el estímulo número 2. Como leo siempre de economía, sabía que podría venir el estímulo 3. Sin embargo, los que me criticaron cobraron el estímulo 2, que era un cheque de $1,400 dólares, además de dinero para sus dependientes. En uno de mis programas, predije el estímulo 3, y fue peor, con los insultos. Me decían que yo estaba loco. Hubo una mujer en un estado cerca de Nueva York que decía barbaridades de mí. Le dejé un mensaje y le dije que parara de hablar de mí. Yo seguía insistiendo que venía el estímulo 3, y semanas después se aprobó el estímulo 3. Ahí se dieron cuenta muchas personas que lo que yo decía se hacía realidad. Mis seguidores siempre sufrieron igual que yo, porque ellos iban a sus empleos y decían lo que yo decía, y muchos se burlaron de ellos, pero cuando venía la noticia, ellos se reían de ellos. Me criticaron, pero todos cobraron el estímulo, también el estímulo número 3.

Mis seguidores siempre me han defendido. Es tanto así que todos leen los mensajes y, si hay alguien que hace un comentario inapropiado, enseguida me lo envían a mi teléfono y lo que hago es bloquear a la persona por su comportamiento. Algunos de mis seguidores me han donado sillas de ruedas, pañales, bastones y camas para enfermos, los cuales han sido donados a los hospitales de mi país y a personas que lo necesitan en mi pueblo. A finales de 2021, predije el estímulo 4 y nadie me insultó ni dijo nada de mí. En ese entonces, dije: Aprendieron la lección. En noviembre de 2021, se aprobó el estímulo 4, que es de infraestructura, el cual ayudaría a crear más trabajo para todos los Estados Unidos. Muchos beneficios se han obtenido en esta pandemia: estímulos, préstamos para pequeños negocios, más dinero en cupones de alimentos, dinero para pagar la renta y crédito para los niños menores de 17 años.

Una de mis preocupaciones era que veía los debates de algunos políticos. Yo quería un debate, pero nunca se me dio la oportunidad, ya que en todos los distritos hicieron debates, menos en el mío. Los días pasaban y continuábamos las reuniones todos los sábados en casa. Cuando comencé mi campaña, algunas veces decía cómo Dios me bendecía en muchas cosas, y tuve una reunión con mi equipo de campaña. Me dijeron: Sé que tú crees mucho en Dios, pero no es bueno que durante la campaña lo menciones. Les pregunté: ¿Y por qué?, y la respuesta de ellos fue muy vaga: Porque no es bueno, aquí queremos que hables solo de política. Les dije: No los quiero poner en jaque mate, pero si cuando yo quiera hablar de Dios no puedo, yo mejor dejo esto de la política, porque a mí nadie me puede decir que no hable de Dios si yo aquí estoy por Él. No fue fácil con mi equipo, pero después me dejaron y se dieron por vencidos. Mi hermano era quien me preparaba lo que tenía que decir; sin embargo, las propuestas eran mías, ya que sabía que había muchas necesidades en mi distrito. Por ejemplo, tenemos más de 50 años sin una ley de renta controlada para los pequeños negocios, no tenemos escuelas de arte ni programas de deportes para nuestros niños, no hay escuelas para niños autistas, no hay programas de renta para nuestros envejecientes. O sea, nuestros políticos no han hecho absolutamente nada.

Durante los meses antes de las votaciones, siempre hacía un video en los lugares íconos de Washington Heights y hablaba de política. El día de las elecciones me levanté temprano, fui a votar a las 9 de la mañana e hice un video votando e incentivando a las personas a que votaran. Salí y, de repente, nos dimos cuenta de que nos seguían. Cambié de vehículo varias veces y era mi opositor, que ese día me tenía vigilado. Al ver que me encontraron en el otro vehículo, dije: Me voy a casa, no quiero encontrarme en problemas. Llegué a casa a las 4 de la tarde y me estaban esperando algunos amigos afuera de mi edificio. Estuvimos hasta las 6 de la tarde reunidos. Ese día no estábamos emocionados porque muchos votaron por correo y el ganador se anunciaría 3 semanas después. Me fui a casa, cené temprano, y cuando se cerraron las urnas, me puse a ver el conteo de los votos. La verdad fue emocionante ver mi nombre en la televisión. Un asesor político me dijo: El que saque 20 mil votos gana. Algo muy extraño sucedió: mi opositor, que es un político de más de 20 años, nunca había sacado más de 16,500 votos, y ese día sacó 46,000 votos, algo que nadie creía, porque era odiado por muchos. El afroamericano sacó más o menos 19,100 votos y yo legalmente 11,800, además de más de 8,000 votos que no pasaron porque el personal de mi opositor les decía que votaran con una raya en vez de llenar el círculo. Ese día no fue fácil porque los que trabajaban con mi opositor me decían de todo en las calles. Tanto así, que mi opositor se paró en su carro frente a mí y no me saludó. Le dejé todo a Dios.

Diez días antes de las elecciones, el gobernador nos dio un sí para salir a las calles y hacer campaña. En este proceso, que no fue tan fácil, hicimos lo más que podíamos hacer. Distribuimos promociones, colocamos pósteres en algunos negocios, utilizamos textos, usamos las redes sociales y nuestro equipo llamó a las personas para motivarlas a votar. Debido a la pandemia, tuvimos el proceso del voto temprano, el cual comenzó una semana antes de las elecciones. Nuestro opositor, quien es el congresista del distrito 13, salió a las calles, ya que muchos no lo querían y estaban ansiosos de que se fuera de la contienda política. Fue una semana de mucho trabajo y era tan interesante ver cómo las personas me apoyaban. El día de las elecciones, salí a los centros de votación. Como los resultados no los íbamos a saber esa noche, porque muchas personas votaron por correo, no me preocupé tanto por saber los resultados. Estuve afuera de mi edificio hasta las 6:00 p.m. con algunas personas que querían estar conmigo.

Las urnas cerraron a las 9:00 p.m. y cuando comenzó el conteo, estaba en casa solo viendo cómo los votos eran contados. Para mí fue más que una gran alegría, porque era mi primera vez en la política y, cuando comparé mis votos con los de otros candidatos, me sentí muy feliz. Obtuve casi 12,000 votos; sin embargo, políticos que estaban en otras posiciones y que llevaban más de 20 años en la política no alcanzaron a tener más de 8,000. En ese momento, dije que si no hubiésemos tenido pandemia, hubiésemos ganado las elecciones, ya que la pandemia no me dio la oportunidad de estar en las calles y buscar el voto. Esa noche me acosté muy feliz y dije: Vamos a esperar a que cuenten los votos por correo.

Pasaron más de dos meses en los que había que contar los votos por correo. Saqué muchos votos por correo. Al final, solo participamos 3 candidatos, de los cuales dos éramos dominicanos y uno afroamericano. Mi hermano veía los resultados todos los días; sin embargo, yo decía: Que sea lo que Dios quiera. Al final, cuando dieron los resultados, me sentí muy feliz, pero muchas personas no estaban contentas con el resultado. Durante mi campaña, me enfoqué en luchar para que nuestros niños tuvieran escuelas de artes y programas de deportes, para que nuestros pequeños negocios tuvieran renta controlada, ya que por más de 50 años no tenemos renta controlada para los pequeños negocios, y esta es una de las razones por las cuales desaparecen. No tenemos escuelas para niños autistas, los préstamos estudiantiles se les hace difícil pagarlos a aquellos que viven en el distrito 13 en Nueva York, nuestros envejecientes, al jubilarse, viven en la pobreza y no hay un programa para ayudarlos a pagar sus rentas. Estamos en unos tiempos en los cuales se enfocan más en lo material que en lo personal.

En mi campaña, hubo personas que se fueron y otras que se unieron al gran esfuerzo de hacer un cambio en el distrito 13. Al saber los resultados de las elecciones, esto no detuvo el proceso de mi evolución y de continuar con todo lo que quiero hacer. Por muchos años trabajé para la Semana de la Moda en Nueva York, y siempre quise tener una línea de perfumes. Un domingo estaba almorzando con unos amigos y les dije que iba a llamar a mi diseñador gráfico para comenzar mi línea de ropa Lápiz y Papel. Siempre coloco todos mis proyectos en manos de Dios. Ese día estaba en casa a las 5:00 p.m. y le pedí a Dios que me guiara. A las 5:30 p.m. llamé a mi diseñador gráfico, pero no me contestó. A las 7:00 p.m., un amigo con el que no sabía nada desde hacía años me envió un link con su línea de ropa. Inmediatamente, lo llamé y le conté mi proyecto. A él le fascinó y me dijo que dejara todo en sus manos, que con mis frases íbamos a comenzar la línea Lápiz y Papel. Pasaron los días hasta que comenzamos a ver lo que podíamos hacer. Entre la calidad y el producto, nos tomó un tiempo lograr lo que quería.

Muchos de los que votaron por mí lo hicieron por correo, y esto me ayudó mucho. Nunca me consideré un político porque no lo soy; me considero una persona que trabaja para que nuestros latinos salgan de la pobreza, y soy más un trabajador comunitario. Llegar al Congreso nunca fue mi sueño, pero lo intenté porque veía que sí se podían hacer muchas cosas por las personas más necesitadas. Cuando dijeron que mi opositor ganó, dije: Dios, tú sabes que esto no fue como sucedió, pero no puedo acusar a nadie de fraude ni de trampa, porque no tengo las evidencias. Sin embargo, estoy seguro de que lo que se vio no es lo que realmente se esperaba. Mi hermano y mi hermana fueron una parte muy importante en mi campaña; se entregaron noche y día.

En el 2021, recuerdo que una noche le oré a Dios y le dije: Dame una señal si tú quieres que vaya a las elecciones del 2022. La verdad, no quería participar en las elecciones porque quería publicar mi libro y dedicarme a firmar mis libros y conectar con mis seguidores. Pasaron los días y mi hermano vino a visitarme. Me dijo: Yo creo que tú deberías ir al Congreso en el 2024, y no en el 2022. Le dije: Bueno, le pedí a Dios que me diera una respuesta, y aquí la tengo. En estos dos años de pandemia, casi todo el tiempo estuve en mi país, ya que mi padre no quería viajar por el miedo al COVID. Recibí muchas llamadas de personas que me decían que mi opositor quería hablar conmigo. Él no quería que yo fuera a las elecciones y no sé qué quería hablar conmigo, pero la verdad es que no quería hablar con él. Sin embargo, muchos insistían en que hablara con él. Quería hacer un programa informando a mis seguidores que no iba a participar en las elecciones, pero mi hermano me dijo que no lo hiciera. Apoyé algunos candidatos para el 2022, pero me alejé de la política por mi libro, que consideraba que era mi tiempo, el cual había esperado más de 10 años.

En junio del 2022, tenía un político en mi programa como invitado y le expliqué a mis seguidores por qué no fui candidato al Congreso: porque quería publicar mi libro, algo en lo que había estado trabajando por más de 10 años y que necesitaba tiempo para promoverlo. Mi objetivo era estar en muchos medios, estados y países promoviendo mi libro. Creo que mi mayor prioridad en el 2022 fue mi libro. Siempre he puesto mis proyectos como prioridad, ya que mi libro ha sido una recopilación de todo lo que he estudiado a lo largo de mi vida.

De la política aprendí muchas cosas, pero la verdad es que vi muchas situaciones que no van ni con mi educación ni con mis ideales. Pensé que la política en los Estados Unidos era más organizada que en nuestros países, pero vi cosas que nunca pude creer. Vi que mi opositor les daba dinero en sobres a las personas para que les dijeran que votaran por mí, con una flecha, y nunca supe qué más sucedió en los centros de votación. No me voy a apresurar para el 2024, porque se lo dejaré a Dios, que sea Él quien tome control y ponga en sus manos si volvería o no a la contienda política. Si tengo que admitir algo, es que conocí personas maravillosas que hoy en día son mis amigos. No todo fue amargo.

Creo que la política necesita más latinos que se involucren en ella, especialmente me gustaría ver más mujeres en posiciones de liderazgo. Son muy pocas las mujeres que quieren estar en la política, pero espero ver más mujeres en el camino al Congreso de los Estados Unidos. El proceso no es tan difícil cuando tienes personas preparadas para ayudarte. Lo más difícil es conseguir un abogado político, y una vez que lo tengas, él o ella te asesorarán en todo lo que necesites. A través de la política podemos hacer muchos cambios en nuestra comunidad, pero primero se debe tener pasión por ayudar a los demás y no entrar en lo que muchos han hecho, que es no hacer nada.

Si usted quiere entrar en la política, hágalo y trate, porque a través de la historia hemos visto a muchos que no eran muy favoritos y ganaron las elecciones. Hay que tomar la decisión y decir: Lo voy a hacer y lo voy a lograr. Recuerdo que en el 2023 estaba pensando si entrar en la política o no. Soy de las personas que no me gusta levantarme temprano, me gusta controlar mi tiempo y todo lo que hago. Si voy a la política, estaré atrapado en un sistema que no me ayudará ni a mí ni a mis seguidores. Además, no quise ir de nuevo porque en el 2023 terminé mi segundo libro y comencé el tercero. Me gustaba más estar en casa y hacer algo más productivo que estar en Washington, sentándome 8 horas al día. Creo que en la vida todo pasa por algo. Me gustó el proceso político, pero nuestros latinos no les gusta el cambio, y esto ha hecho que muchos se hayan ido de Nueva York por el alto costo de la renta.

Muchas personas me preguntaron si volvía a la política, pero descubrí que muchos políticos le hacen daño a otros políticos, y la verdad es que no tengo tiempo para arriesgar mi vida. Cuando hice los cálculos, me di cuenta de que gano más que un congresista. Yo entré a la política para hacer un cambio, pero no creo que vuelva a la política por ahora. En estos momentos, estoy dedicado a mí y a mi vida.

Cuando sientas que quieres realizar algo diferente en tu vida, hazlo. Muchos no creerán en ti, pero tú sí tienes que creer en ti.

Capítulo 6

Donde hay Educación y Buenos Modales no hay Distinción de Clases.

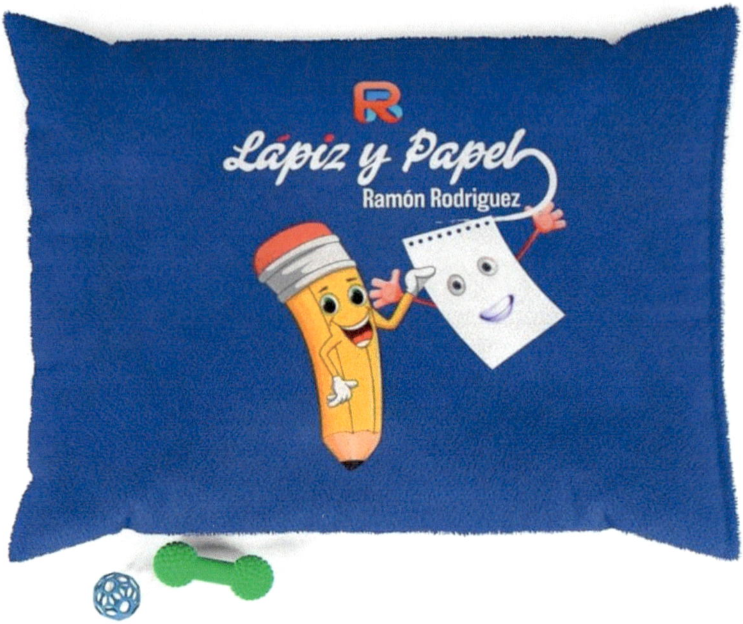

Cuando comencé mi programa en las redes, me enfoqué en llevar temas de educación a mis seguidores. Siempre veía que los latinos en los Estados Unidos estaban desinformados. Es por eso que cada semana hacía programas solo y en otros tenía invitados. Cuando comenzó la pandemia, muchas personas creyeron en mí y me enviaban mensajes hablándome de su vida personal, algo que solo sabíamos mis seguidores y yo. Todo lo que he hablado con mis seguidores lo he mantenido confidencialmente, nunca le he hablado a nadie de lo que ellos me cuentan. Muchos me hablaban de los problemas financieros, otros de comenzar una nueva carrera, otros de su vida personal y otros de maltratos de sus parejas. Todas las noches, durante un año y medio, me acostaba a las 4:30 a.m. contestando mensajes y hablando con mis seguidores. Cada día aprendía más de las necesidades que ellos tenían. Nunca me imaginé tantos problemas que nuestros latinos enfrentan en los Estados Unidos. Había noches que lloraba al ver la impotencia de algunos de ellos. Nadie sabe la historia de mi programa hasta hoy, que les estoy contando lo que he vivido. Creo que nadie ha contestado más mensajes en tres años que yo. La verdad es que he contestado más de 2 millones de mensajes, ya que al principio recibía de 500 a 700 mensajes y todo el día pasaba contestándolos. No me dormía hasta contestar el último mensaje.

Quizás mi programa es de una hora, pero la semana entera me la paso contestando llamadas, mensajes y tratando de ayudar a mis seguidores. Durante la pandemia, había instituciones que daban comida, y durante ese tiempo pude ayudar a algunos envejecientes para que la comida les llegaran inter diariamente en el edificio en el que vivía, un restaurante de comida cada dos días. Nunca tomé la comida porque no la necesité, le di la oportunidad para que se la dieran a otra persona. Lo bonito de todo esto es que me llegó a conectar con personas de diferentes países del mundo. Un día salió una seguidora de Alaska y no lo creía, era durante los principios de mi programa. Otro día vi seguidores de España, luego vi que Colombia tenía muchos, México, Islas Vírgenes y hasta Nigeria. Algunas veces mis seguidores me dicen desde dónde me están viendo. Pero cuando descubrí que en México tengo muchos seguidores, me puse súper feliz. Nueva York está como número 1 en audiencia, luego Massachusetts compitiendo en el segundo lugar con Puerto Rico. Ahora bien, después de los Estados Unidos, le siguen República Dominicana, México, Colombia y España.

Para mí, el programa más impactante fue cuando una de mis seguidoras, durante el programa, me envió un mensaje. Cuando estoy en el programa y alguien me envía un mensaje, trato de leerlo para ver si fue que pasó algo con el sonido o con el programa. Era una de mis seguidoras que estaba sufriendo violencia doméstica. Al terminar el programa, no la pude llamar porque su marido estaba con ella, pero le envié una agencia que la podía ayudar, y hoy en día, gracias a la agencia, está separada de su esposo y lejos de él.

No todo ha sido fácil estos cinco años tratando de ayudar a mis seguidores en diferentes áreas. Sin embargo, la parte más difícil de mi programa ha sido ver cuántas mujeres abusadas hay cada día. Muchas personas dicen "pero tú sí aguantas", otros no saben que muchas personas, cuando están enfrentando el síndrome de Estocolmo, no es tan fácil salir. El síndrome de Estocolmo es un término utilizado para describir una experiencia psicológica paradójica en la cual se desarrolla un vínculo afectivo entre los rehenes y sus captores. La persona que entra en este síndrome, aunque su pareja abuse de ella, siempre la va a defender. Es por eso que debemos ser pacientes e inteligentes frente a las personas abusadas. Cada día tenía por lo menos 15 mujeres que eran abusadas, pero Dios es tan grande que en mi programa recibía ayuda de muchas personas y recibí ayuda de una institución de mujeres abusadas. La verdad es que ellos me quitaron un peso de encima porque comencé a referir a muchas mujeres. No ha sido fácil. Tuve una seguidora con tres hijos que quería suicidarse y, gracias a la agencia, hoy día ella vive feliz con sus tres hijos.

En mi programa hemos visto más de 1,500 mujeres abusadas y es por eso que he traído en varios programas a psicólogos para ayudar a mis seguidores. Otro caso muy frustrante fue cuando recibí una llamada de una de mis seguidoras y me dijo que su sobrina, que era parapléjica de 22 años, era abusada por su padre, algo que nos devastó a todos. Puse un post y, minutos más tarde, una institución se hizo cargo del caso y me dijeron que quitara el post para no crear sospechas. Cada vez que la policía iba a ver a la joven, el padre estaba enfrente de ella y ella siempre les decía que todo estaba bien. Pasaron semanas y no era tan fácil quitarle la hija a su padre. Yo le dije a mi seguidora que les dijera que no entrevistaran a la niña frente al papá, porque eso era una presión cuando el padre estaba enfrente de ella; la mejor forma era entrevistarlas a solas. Pasó el tiempo y la entrevistaron sola y pudo hablar. La niña hoy día vive con su tía y el padre está cumpliendo su condena.

En mi programa solo he tenido dos casos de abuso a hombres, la mayoría son mujeres. Tuve un caso que, hoy día, soy el hombre más feliz del mundo. Vamos a omitir su nombre y le voy a poner como nombre "Fifa". Esta joven vivía en Maryland y un día, a las 3:00 a.m., me llamó y comenzó a llorar. Le dije: "Si no te calmas, no entenderé nada y no podré ayudarte. Busca agua, toma un poco y luego me hablas". Ella es madre de 4 niños y en ese entonces tenía 29 años. Sus primeros dos hijos eran de su primer esposo y los últimos dos eran de la pareja con la que estaba viviendo. Su historia comenzó diciéndome que su esposo la abusaba, le hablaba mal frente a sus hijos y que algunas veces la golpeaba. Le pregunté: ¿Dónde tienes familia? Me dijo que no quería decirle nada a su madre para no mortificarla, y me dijo que su madre vivía en Nueva York. Le pregunté: '¿Y por qué no te vas a vivir donde tu madre?' Me dijo que no quería mortificarla, y le respondí: "Es tu felicidad y eso es lo que tu madre quiere, verte feliz". Todos los días hablaba con FIFA y comenzamos con el plan.

Ella comenzó a empacar lo necesario y a las 4:00 a.m. fue un autobús de pasajeros a recogerla. Esa mañana llegó donde su madre, la cual estaba muy feliz. Ese día, su esposo la llamó y yo ya la había entrenado para que le dijera la verdad. Ella le dijo: "No puedo vivir en el maltrato y nunca te diré a dónde me fui". Semanas después, su esposo fue arrestado y hoy día está en la cárcel. FIFA vino a mi casa y le dije que llevara a sus hijos a un psicólogo para que los ayudara con los traumas. Ella comenzó a llevarlos y les iba muy bien. Luego le dije que tratara de ir a un centro donde hay viviendas de gobiernos o, mejor dicho, que fuera a un "shelter". Días después, fue a un "shelter" y le dieron refugio temporal. La primera carta decía que ella no era elegible para un apartamento. Le dije: Aquí solo sabe Dios, sigue orando. Cada vez que le negaban un apartamento, le decía: Sigue orando. Fue la número 15 cuando, por fin, la aceptaron y le consiguieron un apartamento de 3 dormitorios, y le pagan la luz y el gas. Mi seguidora comenzó a ver la luz al final del túnel. Tuvo la suerte de que, en el verano del 2022, sus hijos calificaron para clases y programas de verano, que son muy costosos en la ciudad. Ese programa tenía un costo de $8,000 dólares.

Un día, Fifa vino a casa y me dijo que le guardara $6,000 dólares. Le dije que ni a mi madre le guardaba dinero. Esa tarde trató de convencerme y le dije que no, muchas veces. Ella se fue de mi casa, fue a mi habitación, y vi al lado de mi mesita de noche un sobre, y eran los $6,000 dólares que ella me había dejado. No dije nada. Al día siguiente, tenía que ir a República Dominicana y tenía unos meses que había comprado un apartamento, el cual la construcción no había comenzado. Tomé el dinero y le compré un apartamento, y me dieron el contrato con su nombre. Cuando llegué a Nueva York, le dije que quería hablar con ella y le dije: Mira, con ese dinero me lo llevé y te compré un apartamento. A ti te dan dinero en los impuestos y ese dinero lo vas a utilizar para pagarlo. Ella comenzó a llorar y le encantó la idea. Cuando fue a hablar con sus padres, les dijo: “Les tengo una noticia”. Los padres

de FIFA son de la ciudad de Santiago, y en esa ciudad es donde están construyendo el apartamento. Les dijo lo que había hecho y ellos estaban super felices porque, con más de 35 años en los Estados Unidos, no tenían una propiedad. Cada vez que voy a mi país, FIFA envía dinero. En mayo del 2022, me dijo: Yo creo que no voy a tomar un préstamo para pagar el apartamento, todo el dinero lo estoy enviando. Ella compró el apartamento en 2020 a un costo de $46,000 y, cuando se lo entregaron, por el costo de la vida y la subida de los precios, su apartamento hoy día en el mercado cuesta $130,000 dólares. Una de las ideas que le di fue que lo rentara en Airbnb para que por lo menos se ganara de $2,500 a $3,000 mensuales. Sus hijos me adoran y he tratado de ayudarla en todo lo emocional y financieramente para que ella pueda independizarse. FIFA siempre viene a mi casa y trato de darle un refuerzo positivo. Sus hijos emocionalmente están súper bien porque están muy ocupados en la escuela y en programas después de la escuela.

Pero usted no creerá lo que esta joven hizo. Yo la llevé a España con todos los gastos pagos, o sea, que yo le pagué todo. En otro viaje, la llevé a París, y de París la llevé a Holanda y luego a Londres. En agosto de 2023, le regalé 500 dólares, ya que ella no trabajaba y tenía 4 hijos. Pero en octubre de ese mismo año, ella le envió un mensaje a una amiga, en ese mensaje yo hablé algunas verdades, y ella le envió ese mensaje de voz a mi amiga. Me encontré raro que mi amiga me enviara esos mensajes y estuvo tan molesta que, a mi prima, le envió el mensaje. Ella escribió algo que me molestó mucho: mi prima puso esos mensajes en el WhatsApp de la familia, lo cual me chocó. Además, yo dije en un mensaje algo sobre mi familia, y ella se lo envió a mi prima. Pero algo que a ella le molestó mucho fue cuando la fui a visitar y me dijo: Mi amiga y yo te investigamos y vimos que tú no fuiste a Harvard. Yo le dije: Pero mira la foto de todos los estudiantes y mira mi graduación. Yo nunca me pongo el anillo, pero eso le molestó tanto que me traicionó. Yo soy de las personas que no discuto, así que la bloqueé y la saqué de mi vida por lo malagradecida que fue. Tanto dinero que le regalé y los viajes que la llevé, y ella actuó como una enemiga.

Durante estos dos años, casi no me he juntado con muchas personas, pero sí he conocido a muchos seguidores, y cuando los conozco, me demuestran su amor, que es lo más lindo de este programa. He conocido mucha gente que me ha dado las gracias por haberlos hecho abrir los ojos y pensar en invertir. Recuerdo que una de mis seguidoras de Honduras me dio las gracias porque ella comenzó a construir en su país. Cada vez que un seguidor me dice que invirtió, que le pagaron la renta o que le aprobaron un préstamo para su compañía, es como si lo hubiese hecho yo. Esa es la efectividad de mi programa: ver a las personas obtener lo que quieren. Estos años no han sido fáciles, ya que muchas personas viven en el infierno con sus parejas, y salir de la relación no ha sido fácil para ellos. Lo importante es levantarse y decir basta, ya no más, y darte la oportunidad de encontrar tu felicidad de nuevo. Antes de conocer a esa persona, tú vivías, y al tomar la decisión de decir basta, necesito un cambio en mi vida, el cambio comienza cuando, por fin, decides dejar los abusos atrás y empiezas a vivir lo que te pertenece por ser hija(o) de Dios. No podemos estar tristes, no podemos aceptar los abusos, porque la vida es muy corta para no permitirle a la felicidad entrar.

No permitas que nadie te humille, te maltrate o te haga sentir inferior. Tú vales mucho y Dios te creó único(a), irrepetible. Todo depende de tomar una decisión y comenzar una nueva vida, la que te pertenece y a la que debes estar. Existen organizaciones y personas que te pueden ayudar, y recuerda que tus amigos y familiares siempre estarán a tu lado para cuidarte y protegerte. Nada se logra si no se da el primer paso, y tú vales mucho. Naciste para triunfar y ser feliz, y ya verás que con fe vendrán cosas mejores. Y todo aquel que te hizo daño, lo pagará, porque la Biblia nos dice: Mía es la venganza, yo me vengaré. Date la oportunidad de ser feliz y de cantar victoria. Tu fe te llevará a lugares donde nunca imaginaste.

Hemos visto a muchas personas abusadas que se les hace muy difícil tomar la decisión de separarse de sus parejas. Hay personas que piensan que los maltratos son parte de vivir una relación, y que esa es la manera en que se demuestra el amor. Mientras vivas en ese infierno, se te hará muy difícil ser feliz. La felicidad no tiene precio, y somos nosotros quienes creamos nuestra propia felicidad. El solo hecho de despertarte cada día, tomar un café, llamar a tus padres, hablar con amigos, caminar, ver la naturaleza, sonreír, es totalmente gratis, y sé que te da mucha felicidad. Todos los días trato de dar gracias a Dios por mis padres, mis hermanos, mis amigos y mi pareja, porque son las bendiciones más grandes que solo Dios me puede dar. La forma de ser feliz es terminar una relación tóxica, sea de un amigo, un familiar o tu pareja. Todos hemos tenido ese tipo de personas en diferentes niveles, pero si las detectas, lo mejor es alejarse. Yo tengo la capacidad de que, si veo algo raro en alguien, automáticamente les digo que estoy muy ocupado para esa persona, y trato de no verla ni llamarla. Las decisiones están en nosotros, y somos nosotros quienes decidimos quién entra y quién sale de nuestras vidas. Muchas veces tenemos que ser fuertes y hacer cambios, ya que los cambios, muchas veces, son los que nos traen la verdadera felicidad.

Muchas veces no solo de las parejas enfrentamos traiciones; muchas veces, hasta en las mejores familias, vemos personas que se encargan de desacreditarte, de pedirte prestado y no te pagan, y sobre todo, de meterse en tu vida cuando es tu vida y ellos no tienen por qué opinar. Yo, hace tiempo, tomé una decisión: amo a mi familia, pero de lejos. Todo lo que he logrado sé que a muchos de ellos les molesta, porque ellos no han llegado a donde yo he llegado. Yo no peleo, no le grito a nadie, me mantengo en silencio y después tomo una decisión que ninguno sabe por qué la tomé. Nunca vale la pena rebajarse y alzar la voz, eso no deja nada positivo. Puedes decirle de todo a una persona, pero la verdad es que digas lo que digas, lo que traerá es más problemas. La clave está en guardar silencio, escuchar y después alejarte lentamente hasta mantenerlos lejos de ti. Nadie te paga tu teléfono, nadie te paga la renta, nadie te paga tus viajes, nadie te paga tu transporte; o sea, ¿por qué le das la oportunidad a las personas de que opinen o te hagan un comentario? Mientras menos hables, menos estarán enfocados en ti. Cuando comienzas a hablar de que te compraste una casa, un carro, o que te vas de vacaciones, ya verás cómo florecerá la envidia de las personas que están cerca de ti.

Recuerdo a una de mis seguidoras con la que hoy día he compartido mucho. Un día, su esposo le dijo: En tres días llega mi nueva mujer, o te quedas y la soportas, o te vas. Mi amiga me llamó y le dije: Sal mañana y vete para uno de los apartamentos del gobierno. Fue a una oficina del gobierno y hoy vive sin pagar renta.

Mi madre siempre me decía que no le contara a nadie mis cosas, y siempre creí que si lo hacía, las personas compartirían la felicidad que yo tenía. Con el tiempo, le di la razón a mi madre: las personas no quieren que tengas más que ellos; mientras tengas menos o lo mismo, te amarán. Hoy día, cuando hago inversiones, solo las hablo con mis padres, mi pareja y mis hermanos. No lo comparto con nadie más. Mi estrategia ahora es verme como una persona que no está bien económicamente, como si mi situación fuera igual a la de ellos. Esto me ha funcionado porque nadie sabe de mis inversiones ni de lo que hago a diario en mi vida. No es fácil callar las emociones, pero hay que hablar menos y mostrarle al mundo que estás un poco peor que ellos, aunque la realidad sea otra. Desde que me muestro bien económicamente, todos quieren que les preste dinero, y ahí es donde está el problema: lo prestas y pasan meses sin ver a esa persona. Aunque quieras ayudar, hay personas que no se merecen tu ayuda. No todos los amigos se deben ayudar. Algunas veces, cuando prestas dinero, esa es la trampa para que la amistad termine.

Hoy día me dedico a escribir libros, dar talleres y estar con las personas que realmente me quieren. No malgasto mi tiempo con quienes solo hablan de necesidades y problemas. No veo televisión porque las noticias y lo que presentan no me aportan nada positivo. La vida es tan corta que no vale la pena desperdiciar el tiempo; el enfoque debe ser cómo ser mejor ser humano cada día y cómo hacer que tu cuenta crezca día tras día. Es muy triste llegar a los 62 años y no poder jubilarse porque el dinero no alcanza. El promedio para jubilarse es entre los 62 y los 70 años. Imagínese que, después de los 62 años, empieza a vivir días extras, y los dolores y quejas del cuerpo comienzan. Sin embargo, si ahorró e invirtió, su vida será diferente porque podrá jubilarse más joven. Yo me jubilé muy joven porque aprendí a invertir en bienes raíces. Con lo que me pagan de renta y los intereses que gano, puedo vivir toda mi vida sin trabajar. Pero todo esto lo descubrí en mi programa y a través de un amigo y una seguidora que me cambiaron la vida para poder vivir como yo quiero. Siempre les digo a mis seguidores que no malgasten su dinero. Soy de los que, si tengo que ponerme una camisa de 4 dólares, me la pongo, pero no es lo mismo usar ropa de marcas que, al sacarla de la tienda, pierden su valor, que guardar, invertir y prepararse para jubilarse joven.

Nunca he recibido dinero de nadie. Hago mi programa porque me gusta, y llevo a personas que conozco y amigos. No les niego que mis amigos, que siempre han estado en mi programa de agradecimiento, me han dado regalos y también me invitan a cenar, lo cual nunca ha cambiado. Muchas personas decían que me estaba haciendo rico con mis seguidores, pero al contrario, mis seguidores se están haciendo ricos conmigo. Cuando compras casas en subasta, el negocio es entre tú y el gobierno; yo solo conecto a las personas con los que ofrecen los seminarios. Todo esto pasa a través de instituciones del gobierno o instituciones establecidas, con las que no formó parte. Simplemente, les doy la información sobre cómo hacerlo. Lo curioso es que cuando el gobierno ofreció los $15,600 para los trabajadores excluidos, yo solo di la información. Cuando el gobierno dio los $1,000 en efectivo para cupones de alimentos, solo di la información. Y cuando se ofrecieron préstamos para pequeños negocios, igualmente sólo proporcioné la información. No tengo nada que ver ni con los estímulos ni con el gobierno. Sin embargo, todo lo que ustedes han hecho y recibido en un 80% ha sido gracias al gobierno. Pero está bien, siempre habrá personas que intenten apagar la luz que solo Dios nos da, y está bien si nos quieren opacar, porque para ellos está bien, pero para Dios no está bien.

En el proceso de mi vida, me he encontrado con managers que querían arruinarme la vida, pero, por otro lado, con mis empleados ha sido una bendición. También, cuando estuve escribiendo mi primer libro, en la dedicatoria mencioné a algunas personas que me han ayudado en este proceso. Trato de que cada día nadie robe mi felicidad, y me alejo de esas personas que intentan hacer lo contrario. A veces, por más que queramos hacer por otras personas, las que nunca han hecho nada son las que más te critican y las que más hablan de ti.

Yo oro mucho y le pido a Dios que me aleje de esas personas tóxicas, ya sea un familiar, un amigo, una pareja o un compañero de trabajo. Nosotros somos los que decidimos quién puede estar en nuestras vidas, y tengo una capacidad maravillosa de sacar de mi vida a todo aquel que no está en mi misma vibración. Se trata de dar cada día sin esperar nada a cambio, y cuando lo hacemos, Dios suple de una forma tan maravillosa que al final te da el triunfo que mereces. Solo enfócate en ti, haz el bien a todos los que se te crucen en el camino, y verás que las bendiciones que recibirás nunca lo creerás, porque nuestro Dios es más grande que nuestros problemas, nuestras situaciones y nuestros conflictos. Vive, porque la vida es una bendición. Vive, porque te da la oportunidad de entrar o eliminar a quien tú quieras. Sonríe, porque te ayuda a elevar tus neuronas. Aunque llueva, truene, hayan tormentas o se te caiga todo encima, Dios te elevará incluso de los escombros. Tu fe debe ser tan grande y tan fuerte que nadie ni nada te pueda robar tu felicidad. Si permites abusos o maltratos, es tiempo de hacer las denuncias para que comiences a vivir la vida que te mereces.

No Permitas que Nada ni Nadie te Robe Tu Felicidad.

Dr. Ramón Rodríguez Herrera

Capítulo 7

Tengo en mi Pecho un Corazón Agradecido

Vengo de una familia que quizás muchos entenderán, porque nuestros padres hacen cosas por sus hijos. En mi niñez, mis padres me tenían prohibido comer en casas que no fueran de nuestra familia, y si yo iba a comer donde un familiar, tenía que decirlo un día antes. Mis padres nunca me dejaban salir a lugares que ellos pensaban, que no me iban a hacer bien, y tenía que seguir normas y reglas que había que seguir. Recuerdo que las casas que más visitaba eran las de mi familia.

Cuando tenía, creo, 7 años, tenía un amigo que vivía cerca de casa, era el único lugar que podía visitar. Él tenía dos primos, los cuales nos hicimos buenos amigos. Estábamos en la escuela juntos, mis amigos y sus primos. Siempre me juntaba con sus primos llamados Eduard y el otro, Víctor, pero le llamábamos Vitico. Nuestra amistad fue creciendo, ya que mis padres me dejaban pasar los domingos con ellos y yo estudiaba con ellos y pasaba el día. O sea, el domingo con ellos era el único día que yo podía salir a un lugar que no fuera mi casa ni fuera de mi familia. Habíamos un grupo que sacábamos muy buenas notas y nosotros éramos los mejores estudiantes. Esta era una de las razones por las que mis padres me dejaban ir a visitar a mis amigos.

A mis 17 años, cuando estaba casi listo para ir a la universidad, siempre me interesó ser doctor porque me gustaba su vestimenta. No sabía lo que hacían, sino que quería ser doctor. Un día, me dice mi hermana: 'Entonces, ¿quieres ser doctor? ¿Qué harías si viene alguien todo cortado, votando sangre?' Puse mi cara de sorpresa y le dije: ¿Cómo? Después me dijo: Y tienes que lidiar con los muertos. Y dije: Ay, no. Si es así, eso no es para mí. Ella me dijo: ¿Por qué no estudias hotelería? A ti te gusta viajar, conocer el mundo, te gusta la buena comida. Yo creo que la hotelería es lo que deberías estudiar. No dije nada, me puse a investigar y hablar con mi primo, que era estudiante de término de hotelería. Pasaron varios meses y solo me quedaban 2 meses para salir de la escuela cuando decidí: Sí, voy a estudiar hotelería. Cuando investigué con mi primo, me dijo que la única universidad que daba esta carrera, en donde estoy estudiando, en ese entonces, era la Pontificia Universidad Católica Madre y Maestra. Me dijo mi primo: Esta carrera es muy cara porque una universidad de los Estados Unidos muy prestigiosa fue la que hizo el programa, y a los dominicanos nos cobran como si fuéramos extranjeros.

Tuve una reunión con mis padres y les dije que quería estudiar hotelería, y la única universidad que la ofrece es donde está mi primo. Mis padres se miraron, no dijeron nada, y minutos más tarde dijeron: Esa universidad es muy cara. Les dije que lo sabía, pero que no sabía qué otra carrera tomar ni a qué otra universidad ir. Recuerdo que pasó un mes y mis padres se sentaron conmigo y me dijeron: Está bien que quieras estudiar hotelería, pero es en la capital y no sabemos dónde te quedarías. Vamos a ver. Recuerdo que tenía una tía que tenía una casa con varias habitaciones, y mi madre le preguntó si me podía quedar allí. Mi tía le dijo que no había espacio. Recuerdo que ese año, en abril, mi abuela murió. Mi madre tenía una prima que vivía en la capital y tenía muy buenas relaciones con nuestra familia. La prima de mi madre vino a casa para el funeral. Al pasar los días, la prima de mi madre me preguntó: ¿Y qué vas a estudiar? Le dije que hotelería, pero que no lo haría porque solo la daban en la capital y no tenía dónde quedarme. Ella le dijo a mi madre: Pero yo tengo tres habitaciones, mis hijas pueden dormir en una habitación y Ramón puede dormir en la otra. Mi madre le respondió: Muchas gracias. Ya tenía dónde quedarme, pero el problema ahora era el dinero. Recuerdo que mis padres estaban haciendo una casa para que nos mudáramos y no tuviéramos que pagar renta. La casa estaba a medio hacer. Al poco tiempo, mis padres me dijeron: Te vas a la capital. Les dije: ¿Pero y el dinero? Ellos me respondieron: Vendimos la casa para que tú puedas ir a la universidad. Mi garganta no pudo tragar y no lo creía. Los abracé y me fui a mi cuarto a llorar, porque no podía creer que mis padres habían vendido nuestra futura casa para que yo pudiera ir a la universidad.

Cuando llegué a la capital, no era fácil la transportación porque mi prima vivía a una hora de la universidad. Siempre llegaba tarde en las mañanas porque no era fácil el transporte. Mis padres siempre me inculcaron que, cuando fuera a salir a cualquier lugar, si no me daba prestigio, mejor me quedará en casa. Llegué a una universidad donde estaban los ricos de mi país y me puse a pensar: ¿cómo hago para no malgastar el dinero que me dan mis padres? Muchos de ellos tenían sus vehículos, mientras yo tomaba transporte público. Conseguí muchos amigos por mi personalidad y comencé a trabajar en la universidad para adquirir experiencia en organizar eventos. Muchos me criticaban porque hacía ese trabajo, y les dije a algunos de ellos que no me importaba, lo que quería era experiencia. Al final del semestre, me sorprendieron y me dieron un sobre.

Les pregunté qué era eso, y la supervisora me dijo: Nosotros damos incentivos a los que trabajan con nosotros. Era una suma de dinero muy buena.

Un día tomé una clase de etiqueta y protocolo. La verdad es que fue unos días súper estresante porque no me había recortado y el barbero llegó tarde. Me bañé rápido y me vestí. El restaurante se llamaba El Jardín de Jade y, como el hotel tenía el mejor jardín de la ciudad, busqué en todo el jardín el restaurante, lo cual me retrasó. Al final, le pregunté a alguien y me dijo: Debes entrar, no está afuera. Me reí y llegué cuando estaban sirviendo el primer plato. En ese momento, muchos de los hijos de los ricos no sabían tomar la cubertería y quedé asombrado. Esto despertó en mí el deseo de estudiar protocolo.

Casi todos los días iba bien vestido y me decían: Estás muy bien vestido, ¿para dónde vas? Les decía: Voy a un evento esta noche, les mentía porque no quería que me invitaran para no tener que gastar dinero. Utilizaba esta fórmula para que nadie me dijera: Vamos a un club o a un restaurante. Así estuve, siempre mintiéndoles porque no tenía el dinero que muchos de ellos tenían. Dos años más tarde, el hermano de mi madre nos pidió que fuéramos a los Estados Unidos. Cuando llegué, había una crisis y no había trabajo. El esposo de mi tía me consiguió un empleo donde hacíamos los premios más importantes del país. Ahí conocí a mi compañero de trabajo, que trabajaba en un hotel en New Jersey. Un día me dijo: Te voy a llevar a trabajar conmigo los fines de semana. Comencé a trabajar los fines de semana y ya tenía dos trabajos, pero el hotel era bien divertido y no me sentía cansado. Dos años más tarde, entré a la universidad y de 76 créditos que hice en República Dominicana, me convalidaron 70. Los demás créditos eran de inglés y no sabía mucho inglés. No era fácil porque las tareas me tomaban días debido al idioma, pero eso no me detuvo. Al siguiente año, en la universidad, recibí un reconocimiento como buen estudiante y esto hizo que entrara en el National Dean's List, el libro donde están los mejores estudiantes de los Estados Unidos. Ahí estuve durante 3 años consecutivos y, por mi alto índice académico, pude comenzar mi maestría en psicología. Decidí estudiar psicología porque en ese entonces había muchas oportunidades de trabajo en el gobierno.

Cuando comencé a estudiar hotelería, un día le dije a una compañera que quería estudiar protocolo, que había investigado y era muy lejos del país. Me dijo: Mira, hay una señora muy buena, me dio su nombre y leí su biografía, donde decía que se había graduado de la Escuela de Protocolo de Washington. Llamé a la escuela, me enviaron todo y las fechas de los cursos. Me inscribí y viajé a Washington, donde debíamos quedarnos en el hotel donde era el entrenamiento. Tengo que admitir que fue el curso que cambió mi vida; fue donde aprendí protocolo diplomático, gerencial, social y de negocios. Después me enteré de que ellos tenían un programa de tardes de té y lo tomé también. Luego dije: Me gustaría enseñar protocolo e imagen, por eso fui a la Fashion Institute of Technology (FIT), donde aprendí imagen. Después conocí a una profesora experta en colores y aprendí todo lo relacionado con los colores.

Después, con el tiempo, decidí hacer la maestría. Recuerdo que en mi primer semestre, a mediados, la profesora nos dijo: Yo les daré la primera clase y también la última, o sea, que nos veremos al final de su carrera. Minutos más tarde, dijo: Y quiero hablar con Ramón. Todos se fueron, me quedé con ella y me dijo: ¿Qué haces tú aquí? Le dije: Una maestría. Y me dijo: ¿Para qué? Le respondí: Para trabajar para el gobierno. Me dijo: Tú me verás al final, pero no es que esta carrera no es para ti, hay algo que tú no has descubierto y es el gran potencial que tú tienes. Esta carrera no se adapta a tu personalidad porque tú eres un psicólogo natural, y eso es muy difícil de encontrar. Ya veremos cuando termines. Pasaron dos años y medio, y el día que presenté mi tesis, le dije: Profesora, ¿tiene 5 minutos? Me respondió: Tengo dos años y medio esperándote, cuéntame. Le dije: Me encantó estudiar psicología, pero esto no es lo que yo buscaba. Me dijo: Te felicito, lo único que quiero es que cuando estés sentado, medites y veas que tú tienes un gran don que debes aprovechar. Tienes un ángel dentro de ti. Te deseo todo lo mejor.

Mi primera carrera fue hotelería y decidí estudiar psicología buscando un trabajo con buenos beneficios. Cuando me gradué de hotelería, un amigo me recomendó a la cadena de hoteles Four Seasons en Nueva York. Mi posición era manager del lounge. Estaba en una cadena de hoteles donde había que tomar muchos entrenamientos e ir a diferentes departamentos para tener más experiencias, como bares, servicio de comidas en las habitaciones y restaurantes. Recuerdo que en 2008 nos dijeron a algunos managers que debíamos hacer un entrenamiento para todos los empleados. Me tomó unos meses e hice uno llamado

"Wao Me If You Can". Recuerdo que les gustó mucho, lo único que me dijeron fue: "Queremos que sea más animado." Y les respondí: "Pero sí yo soy tan animado." Comencé a entrenar al personal y terminamos entrenando a 750 empleados. Solo duré 10 años en esta compañía y mi hermano todavía trabaja en ella. Uno de los beneficios de esta compañía es que le da noches gratis a los empleados dependiendo del tiempo que tengan trabajando. Mi hermano y yo siempre viajamos juntos porque nos quedamos un máximo de 6 noches gratis. Al visitar varios hoteles de esta cadena, les preguntaba a los empleados qué tipo de entrenamiento les daban y me decían: Wao Me If You Can. Nunca pensé que mi entrenamiento hoy en día lo siguen utilizando. Un empleado me dijo que lo utilizan en todos los hoteles. No lo pude creer: 140 hoteles y 5 continentes. Nunca pensé que mi entrenamiento todavía existía. Este entrenamiento se basa en cómo exceder las expectativas del cliente.

Cuando comencé a dar los talleres de protocolo, con el tiempo un amigo me llevó para que diera un taller de protocolo en Baruch College en Nueva York. Les gustó tanto que me contrataron para entrenar a los mejores estudiantes de esta universidad. La voz fue corriendo y ya varios departamentos querían mi taller. Ya son 18 años en esta universidad, donde he recibido muchos reconocimientos. No solo he estado en esta universidad, también en la Universidad O&M en Puerto Plata, República Dominicana, donde también recibí un reconocimiento por mi trabajo.

Durante mi carrera en el protocolo y la imagen, he escrito para el periódico más importante de la República Dominicana, donde escribí el artículo *Protocolo en la intimidad,* el cual se puede encontrar en Google con ese título. Además, escribí para una revista en inglés llamada *My Lifestyle* y *Por Lo Alto* en Nueva York. He donado mi tiempo a escuelas públicas de Nueva York, ayudando a los niños de nuestra comunidad. Mis talleres los han recibido más de 800 mil personas, incluyendo políticos, artistas, personas de negocios y público en general.

Un día tomé la decisión de estudiar vinos en Nueva York, y fue una muy buena idea tomar esas clases. Un día fui a Francia y, como me gusta mucho el champagne, fui a la región de Champagne en Francia, donde tuve la oportunidad de aprender más sobre esta maravillosa bebida. Después, fui a la región de Burdeos, donde en todos los lugares puedes tomar clases de vinos. A mí me encanta Europa y no puedo dejar los vinos de España, donde he ido a varias casas para aprender y degustar. Tuve la oportunidad de visitar la ciudad de Jerez en España, donde aprendí sobre el proceso y los tipos de jerez. Creo que todos debemos poner empeño en lo que nos gusta y dedicarnos a lo que más nos apasiona. Me encanta todo lo que tiene que ver con protocolo, imagen y vinos.

Siempre he trabajado en la industria de la comida, en restaurantes y hoteles, pero un día, trabajando para un restaurante donde era el Manager, decidimos participar en la competencia para entrar en la lista de vinos del restaurante donde trabajaba. Comenzamos a organizar la lista de vinos, fue un proceso de varios meses. Cuando tuvimos la lista de vinos lista, la suministramos a *Wine Spectator*. No recuerdo bien, pero sé que la decisión tomó mucho tiempo, ya que más de

4,000 restaurantes sé disputan este prestigioso premio. Era el año 2017, y un día recibimos un correo electrónico notificándonos que nuestra lista de vinos había sido una de las ganadoras para el prestigioso premio de la revista *Wine Spectator*. No lo podíamos creer. Hicimos una fiesta en el trabajo para celebrar un triunfo que no fue nada fácil. Al mes siguiente, pudimos ver nuestro premio plasmado, ya que la revista publicó a los ganadores. Este premio ha sido un esfuerzo que, la verdad, me siento muy orgulloso, ya que es un reconocimiento muy deseado en la industria de la comida.

Relacionado con mi libro, un día pensé: Estos conocimientos que tengo de protocolo, vinos, imagen, colores y otras cosas, debería plasmarlos en un libro. Así que, años atrás, comencé a escribirlo y le puse como título *El Código de Tu Imagen*. Varias veces intenté publicarlo, pero la vida me colocó en momentos difíciles. Cuando algo sucedía, les decía: Todo en el tiempo de Dios. Mi libro *El Código de Tu Imagen* fue diseñado de manera completamente diferente a los libros que están en el mercado, ya que quería un libro que se utilizara en universidades y que fuera útil para hombres, mujeres, empresarios y cualquier persona. Mi libro, tengo que decirlo, es completo, ya que tiene un capítulo para que los padres inculquen a sus hijos, según la edad, lo que deben aprender. Además, abarca los tipos o estilos de comer, todo sobre vinos de todos los países del mundo, cómo las damas y caballeros crean una visión óptica para verse elegantes, cómo utilizar los lentes de sol, en fin, es un libro bastante grande. Muchos de mis amigos me dijeron: De ese libro podrías sacar tres. Les respondí que no quiero un libro para la historia, sino uno que no sea igual a los demás y que se utilice en escuelas y universidades.

Mi hermano es menor que yo y siempre está involucrado en todos mis proyectos. Cada vez que daba un taller, él se encargaba de la parte digital, de que tuviera agua, una servilleta y de que todo estuviera en orden. Siempre se preocupa por cada detalle, asegurándose de que todo esté bajo control.

Nos reunimos constantemente para discutir temas relacionados con nuestro trabajo. Mi hermano es mi mejor amigo, le tengo mucha confianza y siempre le comunico todo lo que hago. Si yo tengo algo, quiero que él también lo tenga.

Tu imagen pública debe estar siempre acompañada de buenos modales, ya que estos te llevarán al éxito. Soy de los que motiva a muchas personas a estudiar y a elegir lo que realmente les apasiona, porque no importa tu estatus social, de qué familia provengas o cuánto tengas en el banco; donde hay educación, no hay distinción de clases.

La verdad es que el proceso no ha sido fácil, pero los resultados han sido maravillosos, ya que mis talleres

me han permitido conocer personas increíbles y viajar por el mundo. Cuando las cosas se hacen con amor, la recompensa es inmensa. No importa si trabajas limpiando, enseñando, cuidando a un enfermo, como gerente o supervisor; sea cual sea tu labor, hazla con amor. De esta manera, no sentirás que estás trabajando, sino que estarás disfrutando de un proceso único que solo tú puedes vivir.
Las noches en vela, todo lo que hay que leer e investigar, forman parte de un aprendizaje valioso. Y cuando tienes todo organizado, el triunfo siempre será tuyo. Pon tu mejor energía en cada cosa que hagas y llénala de amor. Verás cómo tu vida pasará de ser buena a ser excelente.

Gracias a las redes sociales y mis conocimientos de protocolo, he tenido la oportunidad de llegar a muchos países, empresas, celebridades y muchas personas en la sociedad. Hay personalidades que mantengo en anonimato, ya que ellos me firman un contrato de confidencialidad. Muchos no quieren que se sepa que tomen estos cursos porque prefieren aparentar que sus padres les enseñaron. Siempre he dicho que la educación es lo que hace que las personas triunfen, aprendan y puedan desenvolverse en cualquier situación que se les presente. Donde hay educación y buenos valores no hay distinción de clases; es decir, que su educación lo llevará a lugares donde usted nunca imaginara.

Los buenos modales y la buena educación son el pasaporte al éxito.

El poder de la humanidad está en leer para poder entender el poder y la creación de la libertad financiera.

Dr. Ramón Rodríguez Herrera

NADIE
LE GANA
A DIOS
DANDO
RAMÓN RODRÍGUEZ

Capítulo 8

Nadie le Gana a Dios Dando

Muchas veces, la vida nos golpea de diferentes formas. Por más fuertes que queramos ser, algunas veces recibimos golpes que nos destruyen de una forma que no podemos parar. A veces, se toma tiempo curar todo el daño que nos han hecho. Hay personas que están destinadas a destruirnos y otras a construirnos. Todos hemos tenido nuestras altas y bajas, pero si hacemos un equilibrio, las bajas son pocas, y de ellas aprendemos lo que nos hace más fuertes y más selectivos. Del 2009 al 2015, para mí fue muy doloroso. Durante varios años, no quería buscar trabajo, no quería salir de casa, porque mi último empleo no solo me afectó a mí, sino también a muchos empleados. Vivimos un infierno con la directora de recursos humanos. Esta señora hacía todo lo posible para que los empleados que tenían muchos años de servicio fueran despedidos de la manera más cruel. Cuando nos íbamos del hotel y la llamaban para buscar referencias, lo que hacía era diabólico: hablaba muy mal de todos los managers para que no consiguiéramos trabajar.

En 2009 fue mi último año en este trabajo. Esto me frustró de tal manera que pensé que estaba deprimido por todo lo que estaba sucediendo. En 2011, fui a Israel y el segundo día tomamos un tour. Fui al lugar más sagrado del mundo, el Muro de los Lamentos. Cuando estuve allí, coloqué mi frente y mis dos manos, y cuando comencé a orar, sentí que yo era la única persona en ese lugar. Sentía una corriente rara, pero con una sensación muy bonita. Cuando me despegué, fue como algo mágico. La noche anterior no pude cargar mi cámara, pero me la llevé a ver si podía tomar fotos. Quería una en el Muro de los Lamentos, pero no prendió. Ya tenía una hora y media con la cámara y no prendía. Durante el tour, mi cámara nunca se prendió. La traté de prender muchas veces y nada. Ya teníamos 2 horas y 40 minutos, y al llegar a donde enterraron a Jesús, el guía judío nos dijo: Ya en dos minutos terminamos el tour, el que quiera venir aquí lo hará cuando terminemos. Minutos más tarde, entramos a la iglesia y al área donde habían enterrado a Jesús.

Llegamos al frente donde supuestamente enterraron a Jesús y clavaron su cruz. Entramos a una iglesia y fuimos al segundo piso, donde fue enterrada la cruz de Jesús. Allí pusimos nuestras manos y oramos. Más tarde, bajamos al primer piso para ver dónde acostaron a Jesús. El lugar es tan pequeño que solo 7 personas podían entrar. Cuando me llegó el turno, entramos, me puse a orar y no podrán creer lo que me sucedió. Traté de encender mi cámara y mi cámara encendió. Tomé una foto y se apagó. Cuando llegué al hotel, la conecté a ver si era verdad que había tomado la foto. Cuando la abrí, ahí estaba la foto que hoy día todavía conservo.

Muchas veces no entendemos cómo suceden las cosas. Ya han pasado 13 años y recuerdo el trabajo que pasé durante 2 horas y 45 minutos tratando de tomar una foto, y no encendió hasta encontrarme con la tumba de Jesús. Puedo decir que ese viaje me cambió la vida porque, si creía en Dios, desde ahí creo más en sus milagros y las obras que hace. Puedo decir que ese viaje transformó mi vida de una forma que, cuando despierto todos los días, no enciendo el teléfono hasta no haber orado. Durante el día trato de orar y cuando me voy a dormir, oro. Descubrí que Dios es tan grande y en mi programa siempre cierro con la frase: Nadie le gana a Dios dando. Soy de los que, cuando un amigo me llama para contarme un problema, lo primero que les digo es: ¿Oraste? Me dicen que no, y yo les digo: Ora y después hablamos. Les digo que tienen que orar para que vean cómo sus vidas se transforman. De esta forma, mis amigos ahora son más creyentes y muchos me dan las gracias porque, desde que me conocieron, oran más.

Todo el mundo sabe que mi papá no es tan creyente de las iglesias, pero él siempre decía que la verdadera iglesia era ayudar al prójimo y ayudar a quien fuera necesario, ya sea con comida, medicina o una palabra de aliento. Mi padre nos enseñó a ayudar a los más necesitados y allí comprendí que ir a la iglesia, orar y no hacer obras no es suficiente. Yo creo en Dios; para mí es raro ir a la iglesia, pero todos los días nuestra familia ayuda a niños y envejecientes con sus comidas y medicinas. Creo que esta forma es más importante que ir a la iglesia y ayudar a muchas personas. Además, la Biblia nos dice que una obra sin fe está muerta. Nunca he criticado a nadie, menos a una religión, porque las personas creen en lo que fueron criados. Los judíos no creen en Jesús, los chinos creen en Buda, hay personas que creen en la brujería; cada quien cree lo que su familia le inculca desde niños. Yo me enfoco en hacer el bien y sé, y estoy seguro, que mi Dios es tan grande como mi fe.

Dr. Ramón Rodríguez Herrera

Cachetadas a la Pobreza

En el año 2021 quería celebrar mi cumpleaños en Israel, y el día 19, cuando me iba a montar en el avión, cerraron el aeropuerto de Tel Aviv, en Israel. Eso, la verdad, me deprimió mucho; quería estar el día entero orando en el Muro de los Lamentos el día de mi cumpleaños. Un día dije: Quiero, antes de publicar mi libro, llevarlo al Muro de los Lamentos. No quiero publicar mi libro sin antes ir a orar. Así lo hice; nadie vio la portada de mi libro, escuchen bien, nadie la vio hasta no ir a Israel. Por un momento no sabía si ir o no, ya que Rusia y Ucrania estaban en guerra y esos días los musulmanes estaban por atacar a Israel, pero dije: Si no voy a Israel, voy al templo de San Miguel en Francia. Todo a su tiempo. Hice todo lo necesario para ir a Israel y pude ir, y estar en el Muro de los Lamentos, donde estuve orando por horas y por varios días. Me puse el libro en el pecho, me pegué del muro y coloqué mis manos para orar por algo que me dio tanto sacrificio hacerlo. He ido a muchas iglesias, a la Hora Santa, al Santo Cerro, a la Capilla de la Virgen de la Altagracia, a México a ver la Virgen de Guadalupe, y nada se compara con la energía que se siente en el Muro de los Lamentos. Es algo que hay que vivirlo para sentirlo.

Yo sé que Dios ha estado siempre en mi vida, pero no de la forma y la experiencia que tuve en Israel. Cuando tenía 16 años de edad, esa noche tuve un sueño, y era que Jesús me llevaba de la mano. Estábamos en una cueva caminando y, a los lados, había palos colgando con fuego, los cuales nos iluminaban el camino. Lo más interesante es que Jesús llevaba en sus manos un hacho encendido. De un momento a otro, todo cambia y Jesús y yo estábamos en una montaña. Señaló y me dijo: Ahí es donde tú tienes que estar. Hasta ahí tuve sueño. Al día siguiente se lo conté a mi madre y me dijo: Eso es muy bonito, soñarse con Jesús. Y a los 17 años conocí a un señor, y él no me conocía. Me dijo: ¿Le puedo decir algo? Y le dije: Sí, por favor. Recuerdo que era el mes de mayo, y en agosto teníamos cita en el consulado. Este señor lo vi en un autobús en la capital, nunca lo había visto. Él se sentó a mi lado y me dijo: Tú te vas a ir a un país donde te va a ir muy bien, no busques trabajo, siempre serás recomendado y tu ángel te tendrá una cosa muy grande. Nos visaron en agosto y pensé que iba a continuar la universidad. Días después, el 11 de septiembre, llegamos a los Estados Unidos.

Dos meses después, el esposo de mi tía me llevó a su trabajo, y dos años después, uno de los empleados me llevó a un hotel en New Jersey a trabajar. Me pregunté: Ya van dos trabajos y han sido recomendados. Un día estaba en la barbería, y el barbero me invitó a la fiesta de Navidad. Había alguien al lado reportándose y dijo: ¿Y yo puedo ir? Lo miré y le dije: Sí, ¿por qué no?. Al final, nos dimos los teléfonos, y el barbero y el que se estaba recortando fueron a la fiesta de Navidad. El joven que se estaba pelando quería que yo trabajara en el hotel en el que él trabajaba. Tres semanas antes de mi graduación, me llevó una solicitud y me dijo: Tienes 24 horas para llenar esta solicitud, llénala. La llené, y a los dos días me dieron una entrevista, y después me dieron el trabajo. Todo pasó tan rápido que tuve que pedir permiso para ir a mi graduación. Este fue otro trabajo al que fui recomendado.

Dr. Ramón Rodríguez Herrera

Fui a un bar a tomarme un trago y estaba al lado de un americano. Comenzamos a hablar y le dije lo que hacía en mi trabajo. Me dijo: Tengo un buen amigo con el que tú deberías trabajar. Él es el director del departamento de estudiantes de negocios de la Universidad de Columbia. Le dije: ¿Por qué no?. Un día fui a ver a su amigo a la universidad y me dio el trabajo. Cuando podía, iba a trabajar y a ganarme un dinero extra. Tuve que parar de trabajar para esta universidad porque comencé a hacer la maestría. Imagínate, ya todos mis trabajos han sido recomendados y siempre llevaba el mensaje que este señor, sin conocerme, me dijo.

Yo hace mucho que entendí que no se puede hacer nada sin la voluntad de Dios. Soy testigo de que mis oraciones llegan a las cosas que pido y necesito. No importa qué religión tenga la gente; al final, hay que creer que hay un ser supremo que nos da la libertad de hacer lo que queremos, y si hacemos lo que le agrada a Dios, siempre habrá abundancia en nuestras vidas.

Mi programa en las redes sociales ha sido una bendición en mi vida, ya que he aprendido mucho de mis invitados, he aumentado mis horas de lectura y he conocido a personas de muchos países. He vivido momentos muy emotivos, llorando con mujeres que han sido víctimas de abuso, pero también he reído muchísimo, especialmente cuando tengo que llamar la atención con firmeza.

Sí, he sido criticado, pero si alguien cruza la línea y me insulta, sabe que recibirá una respuesta.

Dr. Ramón Rodríguez Herrera

Un día, mi amigo chef me dijo: Ramón, estaba en Queens y una señorita me dijo: Yo a usted lo conozco. Él, sorprendido, pensó en todos los eventos en los que ha participado y le preguntó: ¿De qué evento me conoce?. Ella respondió: Del programa de Ramón. El chef no lo podía creer y comentó: La verdad es que a Ramón lo conoce mucha gente.

Aunque ustedes no lo crean, las personas que más me critican sobre mi programa son mi madre. Si coloco algo, me dice: Mi hijo, ¿y por qué hablaste así de esa manera?, y todo lo que escribo está pendiente. Ya ustedes saben, es amor de madre. Si digo algo muy fuerte, ella me dice: No digas eso más, eso no es bueno que lo digas. Si opino algo que no está bien, me lo dice; a ella nada se le pasa. Nunca me ha criticado por los boches porque ella sabe que cuando los doy, se lo merecen. Ella es la primera en alegrarse cuando hago una rifa y llamo a mis seguidores. Hubo una seguidora que ganó una cena, y esa seguidora no estaba viendo el programa porque estaba llegando de la diálisis. Eso le partió el alma a mi madre, a mis seguidores y a mí también. Después, muchos de mis seguidores estaban contentos de que ella era la ganadora. Mi madre siempre se preocupa si algo nos queda bien. Trato de no ser tan duro algunas veces, pero dije en el 2021 que el 2022 no iba a dar tantos boches y fue notado. Un día no di boches y cuando me levanté, tenía 22 mensajes de hombres diciéndome casi lo mismo, que no les gustó el programa.

Les dije: Pero yo di muy buena información, y todos me dijeron que no fue bueno porque no di boches. Les dije: Pero ustedes son más chismosos que las mujeres, y solo se rieron.

No quiero parecer monótono en mi programa. Trato de dar la información y, al mismo tiempo, hacer que sea divertido. Es por eso que lanzó un chiste. Ya muchos de mis seguidores me dicen que, al ver mi programa, les alegró el día. De eso se trata, de que las personas se olviden por un momento de sus problemas y se rían mientras ven el programa. Muchos no saben lo que hay detrás de mi programa. Cuando hago un programa, antes de salir, siempre oro para que Dios coloque las palabras y la información en mis manos. Cuando termino mi programa, también oro. Mi vestimenta trato de que esté lista para los dos programas los lunes. Cuando hago un programa, solo me toma 60 horas leer e investigar. Cuando tengo un invitado, les exijo que me envíen sus preguntas y luego yo hago las mías. Si la entrevista es desde mi casa, mis invitados deben llegar a las 6:00 p.m. y así les enseño las preguntas, por si hay algunas preguntas que no quieren que les haga. Siempre les digo que no vengan con colores neutros, sino que utilicen colores. Mis invitados siempre me envían información para leer, así me veo un poco experto en lo que se habla; no me gusta que se hable de un tema y yo estar en el aire. Nunca ceno antes de mi programa; trato de que mi cuerpo esté ligero y trato de cenar a las 9:30 p.m. Ceno tarde solo los miércoles y viernes.

Siempre les digo a las personas: no importa qué religión tengas, siempre tienes que alabar y adorar a tu Dios, porque cuando oras, se abren puertas que nunca imaginaste que se podrían abrir. Cuando sucede algo en mi vida, les digo: no te preocupes, todas las batallas las he ganado de rodillas. Cuando uno ora, descubre cómo Dios transforma a los demonios, cómo Dios transforma a las personas que quieren hacerle daño. Cuando oras, todo se te facilita y todo se vuelve tan fácil en tu vida. La diferencia entre tú y las otras personas a las que les va bien es un secreto, y ese secreto es orar sin cesar. De eso se trata: de orar cada vez que puedas y cada vez que quieras estar conectado con la divina presencia. La gente, mayormente, busca a Dios cuando están en sus necesidades, pero si buscas a Dios en los buenos y malos momentos, tu vida será una lluvia de bendiciones todos los días.

Orar, creer, tener fe, hacer el bien, perdonar y verás cómo Dios va a obrar en tu vida. Yo tengo mi Biblia cerca de mi cama y también la tengo en mi teléfono, porque en cada momento de mi vida tengo que dar gracias. De eso se trata: de ser agradecido, ya sea con lo poco que tienes o con lo mucho que tienes. Todo en la vida gira en torno a lo que pones en tu mente y en tu corazón. Comienza a ampliar tu mente y, como dice la Biblia: Pide y se te dará, busca y encontrarás, toca y se te abrirá. Alarga tu visión, tu Dios es más grande de lo que crees. No pidas poco, pide todo lo que quieras, porque nuestro Dios te quiere ver feliz, próspero(a), enamorado(a) y viviendo la vida a plenitud.

Tu energía no la desperdicies, utilízala para atraer bienestar, salud, prosperidad y abundancia en tu vida. Hay que agradecerle a Dios por el nuevo día que nos regala, por pasar la noche con salud, y pídele que cada día puedas vivir en paz y en tranquilidad. Pide perdón si es necesario, así curas tu alma. Pídele a Dios que te perdone y que te dé la oportunidad de cambiar y caminar a su lado. Siempre necesitarás la ayuda de Dios y siempre pídele que te acompañe en cada momento de tu vida. En el camino no estás solo(a), estás con el más grande y el creador. Le pido a Dios que cada uno de ustedes amanezca renovado(a) y listo(a) para comenzar un nuevo día, y que cada uno de sus hogares se llene de bendiciones.

Señor, voltea tu mirada hacia cada una de las personas que están leyendo este mensaje. Amén.

Todos hemos tenido adversidades, hemos tenido un familiar o un amigo que nos ha traicionado, hemos perdido un empleo. No importa lo que la vida nos haya quitado o nos haya enseñado, lo importante es que todo pasa para un aprendizaje que nos enseña a amarnos más y, con el tiempo, descubrimos lo importante que es estar al lado de las personas que en realidad quieren ver nuestro triunfo. Hay que tener mucho cuidado, ya que muchas personas que llegan a nuestras vidas llegan con un propósito, el cual es satisfacer una necesidad propia. Pero no importa quién llega o quién se va, solo Dios nos quita a quien no tiene que estar en nuestras vidas y nos envía personas que deben estar en ellas.

Muchos solo viven de la apariencia, comprando vehículos caros, carteras caras y nuevos teléfonos, cuando aún viven en una casa rentada. Yo siempre he dicho que lo mejor está por venir, y cada día hay que levantarse feliz, cantando y no enfocándose en nada que no te dé prosperidad. Tú eres el conductor de tu vida; nadie puede venir a mover tus instrumentos si tú no se los permites. Tú eres quien decide con quién sales, a dónde trabajas, con quién te acuestas y con quién sales a divertirte.

Tu fórmula debe ser simple: desde que abras los ojos, da gracias por todo y comienza a alejar a las personas tóxicas de tu vida.

No importa si tienes sobrepeso, si eres muy delgado (a) o si tu cabello no es como el de tus amigos; lo que realmente importa es que te sientas bien con los dones que Dios te dio. Nada ni nadie te mantiene, ni te pagan tus vacaciones o tu renta; todo lo logras con tu esfuerzo.

Dile sí a la vida, sonríe, vive y disfruta cada minuto y cada segundo de esta maravillosa existencia.

Mientras más tiempo dediques a enfocarte en lo que te da felicidad y lo que quieres, vivirás siempre en eterna felicidad. Recuerda que debes ser feliz las 24 horas, ya que la vida es corta y la muerte es eterna.

Recuerdo que en 2023 llegaron muchas oportunidades en mi vida. En mayo de 2023 recibí la llamada de una amiga que vive en República Dominicana y me dijo: "Hay una revista muy importante que sale en el periódico Listín Diario todos los meses, y está entre las 3 más importantes del país. Queremos hacerte una entrevista, pero la buena noticia es que saldrás en la

portada." No lo podía creer. Es increíble cómo trabaja Dios. Una semana antes fui donde un fotógrafo y le dije: "Quiero una sesión de fotos, ya que algo me dice que viene algo grande." También me dijo que tenía otros medios donde yo saldría a partir de agosto. La verdad es que siempre le he dicho a todas mis amistades que lo único que debemos hacer es confiar en Dios y pedirle que nos dé lo que realmente Él crea, que es lo mejor para nosotros. Sé que Dios está preparando un plan de medios para mí y esto será en grande. En ese mismo año recibí del Congreso de California un reconocimiento muy importante, siendo el primer latino en recibirlo. Además, Jóvenes Escritores Latinos me dio un reconocimiento por mi libro *El Código de Tu Imagen*. La verdad es que cada día Dios me demuestra que Él tiene el poder de suplir en mi vida todo lo que necesito.

Tu Futuro Depende de tus Inversiones y de tu Dedicación Si no Inviertes en tu Futuro, tu Vejez será Pobre.

Desde que me gradué en 2004 de la prestigiosa *The Protocol School de Washington*, fui invitado a participar en las dos cadenas de televisión más importantes de los Estados Unidos: Univisión y Telemundo.

Recuerdo que, en una ocasión, me invitaron a realizar un programa desde la estación de tren *Grand Central* en Nueva York para *Despierta América*. Durante la transmisión, hablamos sobre protocolo en los espacios públicos. Comenzamos conversando dentro de la estación, luego entrevistaron a varias personas y, finalmente, dimos un recorrido en tren mientras explicábamos las normas de protocolo en diferentes entornos.

Además, participé en numerosos programas para Telemundo, donde, en varias ocasiones, tuve que presentarme muy temprano en la mañana. Siempre me decían que mi participación duraría cinco minutos, pero el tema resultaba tan interesante que solían extender mi segmento hasta 12 o 15 minutos.

Tuve la oportunidad de estar en *El Show de Jackie*, que se transmite los domingos por la mañana, y también en *Univisión Radio*, donde colaboré por casi un año. Al concluir mi etapa en la radio, hice una promesa: no aparecer en televisión hasta que mi libro estuviera publicado. Fui fiel a mi palabra y me mantuve alejado de los medios hasta que mi obra vio la luz.

Regresé a *Univisión Radio* en 2022, pero seguí firme en mi decisión de no hacer televisión hasta la publicación de mi libro.

Cuando estábamos corrigiendo mi libro, ya estábamos en la fase final y un día comenzamos a trabajar. No nos tomó ni 45 minutos; todo fue corregido y lo que faltaba era el diseño de cómo se termina de comer en el estilo europeo. Llegué a su casa a las 12 del mediodía y no quise durar mucho tiempo para que ella no se cansara, ya que estaba tomando quimioterapia por su cáncer de seno. Durante la conversación me dijo que ese diseño lo iba a terminar en la tarde y qué, más tardar a las 7:00 p.m., el libro estaría terminado.

A las 2:00 p.m. Salí de su casa, tomé un taxi, y dos minutos después de montarme en el taxi, algo raro comenzó a suceder en mí. Comencé a llorar de felicidad al ver que mi libro ya estaba terminado. El taxista me preguntó si estaba bien, y le dije que sí. Llevaba más de

10 años escribiendo un libro y hoy lo terminamos, y le dije: Estas lágrimas son de felicidad. Minutos después, llamé a mi madre llorando y le dije: Ya casi estamos terminando el libro y no podía contener mis lágrimas. Ella estaba súper feliz. Después, llamé a una señora que es como si fuera mi segunda madre y le dije la buena noticia, estaba súper feliz. Luego les envié un mensaje a mis dos amigos y a una amiga.

La última persona a la que llamé fue a una de mis seguidoras, que hoy es mi amiga, y le conté de mi felicidad. Ese día quería ir a visitar a mi madre, pero decidí irme a casa a orar y dar gracias. A las 3:00 p.m. estaba de rodillas orando por todo lo bueno que estaba sucediendo en mi vida. Le envié un mensaje a mi hermano y luego llamé a mi padre para darle la buena noticia. Utilicé una compañía en República Dominicana para imprimir 50 copias, las cuales se iban a utilizar en los programas de televisión. Tengo que admitir que nunca perdí la fe y los obstáculos me ayudaron a entender que todo sucede por una razón. Sé, y estoy seguro, que mi libro *El Código de Tu Imagen* llegará a muchos hogares que cambiará sus vidas, porque está hecho con amor y dedicación. Gracias a los avances que a través de Amazon, mi libro puede llegar a muchos países y en varios idiomas. Sin embargo, cuando leí el libro de nuevo, vi que faltaba la temperatura del champán, y ahí le dije a mi amiga que cuando lo añadiera lo enviará a imprimir porque ya no faltaba nada más. Ese día fue el día más feliz de mi vida.

El proceso de mi libro no ha sido fácil, ya que en 2015 mi madre casi muere durante una operación, y por esta razón no pude publicar mi libro. En 2021 pensaba ya publicarlo, pero la joven que estaba haciendo los diseños le dio cáncer, y todo se detuvo hasta el 2023. Pero cuando pensaba que todo iba bien, la vida me dio un giro amargo, porque cuando enviamos el libro a California, la compañía me envió el libro sin las fotos, y mi libro tiene más de 10 fotos. Cuando le dije a la diseñadora que enviara las fotos a la compañía, ella como que no quería, porque pensaba que esas fotos se iban a utilizar en otras cosas. Le dije que esa compañía había firmado un contrato para que yo fuera el dueño de todo, ya sea diseño o libro. La señora que me está haciendo el libro la conocí en mayo de 2023, porque su hija se graduaba de la Universidad de Columbia, y tuve el honor de conocerla en la puesta en circulación de su libro. Ahí tuve la oportunidad de hacerle muchas preguntas, porque mi libro tardó 8 años para publicarse, y le dije que para mi segundo libro ella iba a ser quien hiciera todo, porque después de que le enviamos las fotos, le tardó 10 días para hacer el trabajo.

Ella me envió un video de cómo estaba quedando mi libro y, la verdad, me encantó. Me dijo: Cuando llegue a Los Ángeles, te envío el libro para que lo veas, y si está bien, lo apruebas y lo podemos lanzar. Pudimos lanzar mi libro el día de mi cumpleaños, y mis seguidores recibieron un descuento. Al día siguiente, no lo pude creer: mi libro, por las ventas, fue best seller. Lo que hicimos fue lanzar primero el libro digital y después lanzamos el libro tangible. Lo bueno es que no sabía que si mi libro se hacía best seller, digital automáticamente el tangible también sería best seller.

Los Estados Unidos tiene muchos secretos que los latinos desconocen por falta de información, y vamos a comenzar con la lista de algunas fórmulas que los ayudarán a ahorrar y salir de la pobreza. Yo siempre decía, ¿por qué los latinos no viven en los downtown de las ciudades en los Estados Unidos? ¿Por qué no veo a los latinos viajando en primera clase? ¿Por qué no veo a los latinos cenando en restaurantes caros? Y esto se debe a que muchos latinos viven en la pobreza, y es por no invertir en su futuro. Los latinos solo van de sus casas al trabajo y no se dedican a estudiar, ya que los estudios son costosos, y no invierten en educación. No estoy hablando de todos los latinos, pero muchos solo se dedican a malgastar el dinero. El latino no vino a los Estados Unidos a culturizarse, ya que muchas cosas que pasan en este país no existen en los países latinos. Y como no existen, ellos desconocen. Por otra parte, no se informan ni tampoco estudian cómo hacer dinero. Por ejemplo, la bolsa de valores, comprar casas en subastas, comprar casas en flipping… no es parte de nuestra cultura, pero si te pones a analizarlo, es una fuente de hacerse millonario. Sin embargo, los latinos no se informan sobre esta fuente de dinero.

Ahora bien, vamos a hablar de cómo usted puede ahorrarse mucho dinero al año. Amazon tiene tiendas que venden artículos superbaratos Cuando usted cancela una orden, ellos retienen ese artículo y lo venden a precios muy bajos. A estas tiendas se les llama Prime Bins. Como vivo en Nueva York, la más cercana queda en Pensilvania, a dos horas de distancia. No sé si en otros estados existen este tipo de tiendas, pero si aparece en su estado, ¡sería genial! De esta forma, usted podrá comprar todo lo que vende Amazon a precios increíbles, sin tener que pagar el precio normal que pagaría en las tiendas.

Además, en ciudades como Nueva York, Miami y Los Ángeles existe lo que llamamos sample sale. Es una venta de todas las marcas, donde venden ropa de la temporada pasada con descuentos de hasta un 90%. Se llama 260 Sample Sale. Usted puede buscarlo en Google, y cuando entre en 260 Sample Sale, le pedirá que seleccione el estado. Se registra y, cada semana, recibirá al menos cinco días antes información sobre los diseñadores que estarán haciendo las ventas. Por ejemplo, hay una marca muy importante en Italia, cuyos zapatos de hombre cuestan 2 mil dólares; en la venta, los compré por 150 dólares. Recuerdo que había una chaqueta de frío que originalmente costaba 16 mil dólares, y la compré por 400 dólares. Si usted compra en este lugar, de seguro se ahorrará miles de dólares al año.

Una de mis favoritas se encuentra en Nueva York, en la calle 31 y 8ª Avenida, se llama Soiffer Haskin. Aquí van los mejores diseñadores y las mejores marcas de toallas y sábanas. Funcionan igual que 260 Sample Sale. Usted puede buscar Soiffer Haskin en Google, entrar a la página, registrarse y, todas las semanas, recibirá información sobre los diseñadores que estarán en la venta. Algo muy importante que debe saber es que, el primer día, el descuento es del 50%, pero a medida que pasan los días, los descuentos aumentan. Siempre voy el último día, ya que los precios son mucho mejores y los descuentos son mucho más bajos. Esta es otra forma de ahorrar miles de dólares al año. Aquí compré una chaqueta de frío que costaba 20 mil dólares y solo pagué 600 dólares.

Una forma de ahorrar dinero es volando en

primera clase a bajo costo. Cuando viaja en primera clase, no tiene que pagar por las maletas y le aceptan dos maletas de 70 libras, una maleta de mano y un bulto adicional. Hay varias maneras de volar en primera clase a precios más bajos. La primera forma es bajar la aplicación de la aerolínea con la que se viaja con mayor frecuencia. 24 horas antes de su vuelo, le dará la oportunidad de hacer el check-in y, en ese momento, podrá seleccionar si desea primera clase o mantener su asiento. Esta opción le permitirá elegir la primera clase a precios muy baratos. La segunda forma es, mientras más viaje con una aerolínea, acumular millas. Para ello, debe obtener un número de pasajeros frecuente, lo que le permitirá acumular millas con cada vuelo. Con estas millas, puede comprar boletos a precios muy bajos, e incluso hacer un upgrade a primera clase. Recuerdo que, cuando viajé a España, un boleto en primera clase costaba 3,500 dólares. Compré un boleto en clase económica y, 24 horas antes del vuelo, me ofrecieron la opción de pagar 500 dólares más 20,000 millas para un upgrade a primera clase. Por supuesto, lo compré porque fue una oferta muy barata. Estas son las ventajas de viajar en primera clase a bajo costo.

Una de las formas de ahorrar tiempo es solicitando el pase de Global Entry y Clear. Algunas tarjetas de crédito le dan la oportunidad de aplicar y le sale gratis. Global Entry cuesta 100 dólares y una de las ventajas que tiene es que la fila para pasar por migración es muy corta. No tiene que quitarse los zapatos, sacar la computadora, ni los abrigos, ni quitarse la correa. Lo único que le exigen es sacar todo de los bolsillos. Otra ventaja de Global Entry es que cuando llega la migración y las filas son largas y tediosas, el proceso de regreso es muy simple y rápido. Solo debe pararse frente a una computadora, tomarse una foto y luego un inspector verifica la información para que pueda seguir adelante. Si no espera por las maletas y solo lleva una maleta de mano, esto le permitirá llegar más pronto a su destino. Global Entry es lo mejor que se ha creado por la comodidad que ofrece y el tiempo que se puede ahorrar.

Cuando utilizas Global Entry, siempre tendrás que ver a un agente de migración. Sin embargo, recientemente salió un sistema llamado Clear, el cual funciona de la siguiente manera: te colocas frente a una computadora, pones dos dedos de tu mano izquierda y dos de la derecha, te tomas una foto, y no necesitas ver a un agente de migración. Esto hace que tu experiencia en el aeropuerto sea mucho más fácil. Desde que tengo Clear, estoy feliz. No tengo que ver a nadie y, cuando entro a los Estados Unidos, me gusta mucho más porque ya no tengo que hacer esa fila interminable de migración. Voy directamente a Global Entry, donde casi no hay nadie, me tomo una foto y tampoco tengo que ver a un cónsul. La verdad es que esto me ahorra mucho tiempo, ya que solo viajo con una maleta de mano. Antes, en Nueva York, esperaba hasta dos horas por mi maleta, pero ahora me toma solo 5 minutos desde que salgo del avión hasta que tomó un taxi.

Una forma de tener libertad financiera a corto plazo es tratar de comprar una propiedad donde aún no haya comenzado la construcción en tu país. Generalmente, para adquirir una propiedad, exigen entre mil y dos mil dólares. Con el tiempo, la propiedad toma valor y puedes venderla para generar ganancias o acondicionarla para alquilarla en Airbnb. Recuerdo que una de mis seguidoras compró un apartamento en Santiago por 46 mil dólares, y cuando terminó la construcción, la propiedad costaba 140 mil dólares. Las personas diariamente malgastan dinero en comprar cosas innecesarias solo por estar a la par con sus vecinos o amigos.

El ahorro dictamina su futuro, y hay que invertir porque los años pasan, y llegar a la vejez en la pobreza es lo peor que puede suceder. Un negocio, una inversión en propiedades o cualquier otra opción que genere dinero es un paso más cerca de la libertad financiera.

Hay estados que ofrecen dinero para las personas que compran casas por primera vez en los Estados Unidos. Hable con personas que vendan casas y busque información para aprovechar estas oportunidades. Por ejemplo, en Miami hay empresas en las que no es necesario pagar un monto elevado para adquirir un apartamento. Al firmar, solo tendrá que comenzar a hacer los pagos el próximo mes, lo que le permitirá ahorrar entre 20 mil y 30 mil dólares. Busque información con agentes inmobiliarios para conocer las oportunidades disponibles en su estado.

Un tema muy importante del que hablamos en marzo de 2023 fue el **Flipping House**, un concepto poco conocido en el mercado latino. **Flipping House** consiste en comprar casas en mal estado para renovarlas y venderlas con ganancias. Dora comenzó a dar talleres sobre este tema e invitó a personas que prestaban dinero y a profesionales que se dedican a la remodelación de viviendas. Esto fue una gran oportunidad para quienes no tenían capital, ya que les permitió iniciar sus negocios en la reparación de casas. Una de las claves en este negocio es que, al obtener la primera propiedad, algunas personas recomiendan solicitar un préstamo sobre la casa para seguir invirtiendo. Sin embargo, cada quien toma sus propias decisiones, ya que hay quienes prefieren vender las casas una vez remodeladas. Todo depende de la necesidad de cada persona. **Flipping House** es un excelente negocio para quienes buscan una vida más cómoda y desean generar ingresos rápidamente.

Siempre me preguntaba: los latinos tenemos buenos cerebros, somos trabajadores, y, sin embargo, son escasos los latinos millonarios. Mientras tanto, los estadounidenses tienen casas muy costosas, viajan en primera clase, comen en buenos restaurantes, y yo siempre me decía: ¿cómo lo hacen? Si tengo un buen trabajo, gano buen dinero y, aun así, no puedo hacer lo que ellos hacen. Imagina comprar cinco casas en subastas y que su precio en el mercado supere los 250 mil dólares. En ese momento, ya eres millonario. Es un dinero que se acumula de forma fácil, donde tus ingresos llegan a tu cuenta sin hacer nada. Lo único que tuviste que hacer fue invertir, y nada más.

Yo soy una persona muy positiva, todo el mundo

quiere estar a mi lado y siempre hablo de temas de emprendimiento. Pero en mayo de 2022, un día fui a visitar a mi madre y, de repente, le pregunté: "Mami, explícame cómo fue cuando estabas embarazada de mí, porque yo soy muy positivo y siempre estoy feliz."

Mi madre me dijo: "Cuando estaba embarazada de ti, estuve todo el tiempo de casa en casa, todos me invitaban y yo era feliz." Entonces le pregunté: "¿Qué tipo de música escuchabas?" Y ella respondió: "Siempre escuchaba música clásica." Ahí entendí por qué me gusta la música clásica y la ópera.

Siempre he sido un motivador natural, no solo para mi familia, sino también para mis amigos. El consejo que te puedo dar es que comiences a arrodillarte y te pongas a orar, y verás cómo Dios suple grandemente en tu vida.

Mis amigos me agradecen mucho que les haya enseñado a orar y a buscar a Dios. Algunos me dicen: Yo no sabía orar, y gracias a ti descubrí el poder de la oración.

Un programa muy importante en los Estados Unidos es **NACA**. Para acceder a él, vaya a Google, busque este nombre, ingrese a la página y complete la solicitud. Luego, deberá ver un video y, posteriormente, asistir a una entrevista. Una vez finalizada la entrevista, le enviarán una identificación. Después de completar el proceso, será dirigido a un grupo de expertos que lo ayudarán a comprar su casa. A ellos deberá indicar si desea una vivienda nueva, usada o para reparar. Este programa trabaja en conjunto con el gobierno y le brinda la oportunidad de adquirir una casa a bajo costo. Lo único que le solicitan es participar en dos eventos, en los cuales podrá compartir su experiencia. Este programa es maravilloso, y pocas personas conocen este sistema.

Siempre les digo a las personas que conozco que los latinos no se integran en la cultura americana porque no nacimos con conocimientos sobre la bolsa de valores, no crecimos asegurando nuestras propiedades, ni comprando casas en subastas. Esta falta de información hace que muchos latinos no conozcan estas oportunidades y, al no conocerlas, sigan viviendo en la pobreza. Recuerden que el conocimiento brinda poder. Cuando los latinos comprendan la cultura americana, sus vidas cambiarán. Hace unos meses, hubo un incendio en la calle 141 y Broadway. A muchos les dio pena porque esas personas no tenían dónde vivir y, lo peor, es que ninguno tenía seguro de hogar. Imaginemos que ellos hubiesen tenido un seguro: al día siguiente les habrían entregado más de 150 mil dólares y sus problemas se habrían solucionado. Pero esta es una de las grandes desventajas de nuestra comunidad: ni se aseguran ellos mismos ni aseguran el hogar donde viven.

Cuando entré a la política en 2020, vi que algunos

políticos no eran tan buenos, por eso decidí buscar seguridad. Desde ese año, tengo seguridad, y también seguridad en mi país. Por esto no me asusté, porque no salgo de mi casa sin tener seguridad, y la verdad es que ya me adapté y ya no puedo vivir sin ella.

Todas las personas que trabajan conmigo las trato con respeto, les doy desayuno, comida, cena y, en ocasiones, regalos. La vida me cambió en 2020 porque nunca pensé entrar en las redes sociales, ya que a mí no me gusta la fama. Pero entrar en las redes sociales fue la mayor bendición de mi vida, ya que me ha permitido ayudar a muchas personas en cosas que nunca pensé que podía hacer.

Antes, yo oraba por la mañana y cuando me iba a acostar, pero debido a mi situación económica, comencé a orar cada hora. Ahí vi que Dios quería que le dedicara más tiempo a Él, y la verdad es que las oraciones han cambiado mi vida. Por mi situación económica, le hice una promesa a Dios de ir a Israel para darle las gracias, pero en octubre comenzó la guerra entre Israel y Gaza, lo que hizo que cambiara mis planes y fuera a Francia, al santuario de Lourdes. Así lo hice, fui a este santuario, donde oré mucho y me encomendé a Dios. Dios siempre nos coloca en momentos difíciles para ver hasta dónde llega nuestra fe, y la verdad es que esta situación fortaleció mi fe y mis oraciones. Estoy enamorado cada día más de Dios porque Él suple tantas cosas que ningún ser humano puede hacer. Imagínate, yo tenía una relación de 10 años y mi pareja me bloqueó en Facebook y WhatsApp sin darme detalles. La verdad es que nunca peleamos y discutimos, pero como soy hijo de Dios, dije: Gracias, mi Dios, porque cuando Tú quitas, solo Tú sabes por qué lo haces. Imagínate, sin amor y sin dinero, yo estaba ahí, solo las oraciones me mantenían firme. Comprendí que Dios es bueno y fiel, porque nunca estuve triste, ya que al orar sentía una paz y una alegría que solo Dios nos puede dar. Cada día creo más y me dedico más a mi Creador, porque todo lo puedo en Cristo que me fortalece.

Yo siempre he creído que la mente tiene poder. Cuando llegué a los Estados Unidos, un día dije: Soy tan bendecido que a mí nunca me va a faltar trabajo, y la verdad es que nunca he buscado trabajo, todos han sido recomendados. Así es como Dios obra cuando oras y tienes fe. En mi mente solo hay pensamientos positivos, porque si le das oportunidad a uno negativo, habrá problemas. La mente tiene tanto poder que lo que pides te llega; por eso, hay que tener mucho cuidado cuando pones en tu mente lo que deseas. Si quieres una pareja, debes ser específico(a) en lo que pides, porque Dios escucha tus peticiones.

Todos los maestros de la historia nos han enseñado que la mente tiene poder, y yo lo creo. Todas las mañanas, antes de tomar café y antes de ver mi teléfono, oro. Sí, oro sin cesar para que Dios me dé un día bendecido y me ayude a que sea un día lleno de cosas buenas. Durante el día, cuando tengo tiempo, oro, y antes de acostarme, también oro. Mis oraciones se deben a que tengo un corazón agradecido y lleno de paz. Nuestra mente debe tener un enfoque y no permitir, bajo ninguna circunstancia, que un pensamiento negativo inunde lo que hemos trabajado por nuestra felicidad. No importa quién se va de su vida. Cada vez que alguien se va o lo traiciona, brinda, porque Dios les tendrá cosas grandes y mejores. Esa es la forma en que Dios trabaja. A Dios no le gusta que usted sufra ni se apegue a algo que Él le quitó. Que venga lo que Dios quiera que esté en su vida, y siempre he dicho que la voluntad de Dios nunca se despegue de mi vida, porque todo lo que usted pida en oración, todo lo que le llegue a su vida, todo lo que la vida le arrebata, es un plan divino de Dios.

Cuando entiendas que Dios te quita de tu vida muchas cosas, comprenderás que lo hace por tu felicidad. Todo lo que sucede en tu vida es un reflejo de tus pensamientos, y tus pensamientos crean lo que tú les colocas. Antes de dormir y durante el día, enfócate en lo que quieres, no en lo que no quieres. Hemos visto personalidades como peloteros y artistas que fueron muy pobres, y por su fe, dedicación y colocar en su mente el éxito, hoy día son millonarios. Ahora te pregunto: ¿qué estás haciendo para mejorar tu vida?

Los pensamientos son tan poderosos que muchas veces lo que pides toca a tu puerta. Cuando tenía 16 años, siempre decía que iba a viajar por el mundo, y muchos se reían de mí, pero como yo se lo pedía a Dios, Él me da lo que pido. Así es, cada año visito un país diferente, y cuando menos lo espero, alguien me invita a un viaje con todos los gastos pagos. Dios trabaja cuando tu mente está en un estado positivo y creador. Nunca permitas que nada ni nadie te robe tu felicidad ni tus sueños. A veces, tenemos que ser egoístas con las cosas que queremos para que no nos apaguen la luz de nuestra prosperidad. La felicidad se disfruta con las personas que están en la misma vibración que la tuya. Tú no puedes vibrar con una persona que tenga pensamientos negativos; hay que alejarse de ese tipo de personas. Incluso, en muchos casos, la familia forma parte de nuestro éxito o nuestro fracaso. Las personas inteligentes quieren verte próspero(a), abundante y exitoso(a); sin embargo, otros no te quieren ver mejor que ellos y solo desean tu fracaso.

A partir de hoy, tus pensamientos deben ser 24 horas positivos, y debes ensanchar tu mente para tu progreso mental, físico, emocional y monetario. En Habacuc 2:2 nos dice que: "Escribe la visión y ponla claramente en tablas, para que el que lea de ella en voz alta lo haga con afluencia. Porque la visión es todavía para el tiempo señalado, y sigue jadeando hasta el fin, y no mentirá. Aunque tardaré mantente en expectación de ella, porque sin falta se realizará. No llegará tarde". Aquí nos dice que usted debe escribir en un papel lo que desea y debe leer su visión todos los días en voz alta para que se realice todo lo que usted le pida a Dios.

Usted es una figura única en este mundo; no hay dos personas con la misma estructura que usted. Levante su cabeza, camine firme como si el mundo le perteneciera y siempre haga el bien para que reciba más de lo que da. No importa quién esté en contra, no importa quién lo(a) quiera opacar, no importa, porque cuando Dios les abre las puertas, nadie las puede cerrar. Está en usted tener pensamientos positivos porque la Biblia nos dice: "Pide y se te dará, busca y encontrarás, toca y se te abrirá." El destino lo formas tú con tus pensamientos. La vida es muy corta y la muerte es eterna; debes ser feliz 24 horas, no importa la situación ni la circunstancia. Aprovecha tú momento de vida y abre tus manos para recibir todo lo que te pertenece, porque lo que pidas llegará a tu vida. Si comienzas a hacer tu propio negocio, a comprar casas en subastas y a invertir tu dinero, estarás feliz diariamente al ver crecer tu dinero y trabajar para ti.

Todo lo que recibes, todo lo que se va de tu vida está escrito en el plan divino de Dios, porque si haces un inventario de tu vida, verás que siempre te han llovido bendiciones y te darás cuenta de que nadie le gana a Dios dando.

Recuerda que el arma más poderosa es la mente humana. Tú puedes ser el creador de tu presente y tu futuro. Comienza a crear abundancia en tu vida y coloca lo que quieres. Enfócate en todas las cosas que deseas y lo que te haga feliz. Los grandes maestros de la historia nos han enseñado que tu mente es una máquina poderosa. Cuando la llenes con pensamientos positivos, tu vida comenzará a cambiar. Nuestra vida es la creación de nuestra mente y todo lo que colocas en ella es una reflexión de tu vida. No hay límites para el poder de la mente humana, ya que es creadora de lo que quieres. Cuanto más concentrado estás en lo que deseas, más poder se ejerce para obtenerlo. Comienza a entrenar tu mente para ver lo bueno en cada situación. De ahí depende tu éxito, del poder de tu mente.

Su mayor inversión debe ser todo lo que le deje ganancias, invertir en su educación para su vejez. Tener un negocio es muy bueno, comprar propiedades les ayudará a tener libertad financiera.

Hasta que usted no comience a pagar el precio de la educación, vivirá en la pobreza. La educación financiera es la clave para que usted salga de la pobreza. Usted tiene que dar el primer paso y eso se logra tomando la decisión y haciendo el esfuerzo. Mientras usted considere que un curso es caro, vivirá en la pobreza. Usted invierte, paga el precio, pero la recompensa será mucho mayor de lo que pensó. Arriésguese, trate, motívese a hacer lo mejor, invierta en ti y en tu futuro. Tú eres la joya, tú eres el diamante, y las prendas caras no son baratas.

Todo en la vida se logra con esfuerzo y dedicación. Siempre he creído que la mayor competencia está en nosotros mismos, en cómo cada día podemos ser mejores seres humanos y dar lo mejor de nosotros. Cuando comencé con los talleres de protocolo, nunca me imaginé recibir tantos reconocimientos por mis talleres. Recuerdo que cuando comencé con los talleres en Baruch College, a poco tiempo comenzaron a darme reconocimientos. A cada departamento les encantaba lo que hacía y me daban un reconocimiento por el impacto que tenía en los jóvenes. También recibí un reconocimiento de la Universidad O & M en la República Dominicana. En 2023, en California, recibí por mi libro *Código de Tu Imagen* el reconocimiento de una de las editoras más importantes de los Estados Unidos, llamada Jóvenes Escritores Latinos. Ese mismo día, recibí del Congreso de California dos reconocimientos por mi libro. El primero fue un certificado y el segundo fue la insignia de oro, algo que me sorprendió bastante, ya que resido en Nueva York y California está a 6 horas de vuelo de Nueva York. La verdad es que no lo podía creer. Después de ese reconocimiento dado en California, estuve muy feliz, ya que fui el primer latino en la historia en recibir este maravilloso reconocimiento. Muchos medios me entrevistaron después de este reconocimiento, y esto me llevó a estar en las portadas de muchas revistas, no solo en los Estados Unidos, sino también en mi República Dominicana.

Abrir una LLC es importante, ya que así usted tiene su propio negocio. Una de las ventajas de tener este tipo de compañía es que el gobierno siempre ofrece dinero gratuito, pero si usted no la tiene, no le darán nada. Trate de sacar una LLC, pague sus impuestos y verá las ventajas de ser su propio jefe. Aprenda a vender comida, a decorar eventos, a hacer taxis, a cuidar niños; en fin, comience su propio negocio para que trabaje para usted y no para nadie más.

Agradecido cada día de Dios, porque solo Él nos da lo que merecemos en esta vida. Todo en la vida, cuando haces las cosas de corazón, te sale super bien sé y estoy seguro de que la fe mueve montañas y nos da todo lo que pedimos en oración. Una persona que no tiene fe y que no ora es una persona fracasada. Las personas que oran y tienen fe siempre viven felices, porque el poder que Dios nos da es tan grande que nos puede llevar a lugares que nadie nunca pensó que podríamos estar. La gente me dice que soy dichoso y les digo: No soy dichoso, lo que pasa es que mis planes y mi vida la rige Dios, y Él es quien controla mi vida en todos los sentidos. Que se haga siempre la voluntad de Dios, porque Él sabe lo que es mejor para mí. Recuerda, la clave para triunfar en la vida es orar sin cesar y tener fe, porque todas las batallas se ganan de rodillas.

Quiero terminar este libro dándoles el consejo más grande que les puedo dar: aprendan a poner a Dios en primer lugar y les aseguro que sus vidas cambiarán en todas las áreas. En el 2023 perdí mi relación, mi vida financiera se fue al piso, mis amistades me traicionaron, pero cuando aprendí a poner a Dios en primer lugar, mi vida financiera comenzó a cambiar y mi vida comenzó a tomar otro giro. Nunca quise tener hijos hasta no tener una estabilidad económica y, si Dios lo permite, seré padre en el 2024. Preocúpese por orar sin cesar y les aseguro que su vida dará un cambio que usted nunca pensará, estar donde Dios lo pondrá. Escuche bien: nadie le gana a Dios dando, y Él es el único que lo puede sacar de una depresión, cómo me sacó a mí, de las finanzas, como me sacó a mí, y de cualquier situación que usted esté pasando. Ore, arrodíllense, haga ayunos, pero no se separe de la divina presencia, porque la vida es corta y mientras usted viva, dedícale tiempo a Dios, que les aseguro que su vida, su corazón y su mente estarán en buenas manos. Yo amo a Dios con todo mi corazón y, la verdad, desde que descubrí su amor, solo Él me interesa. Para vivir feliz, con buenas finanzas y un buen amor, hay que orar.

Dr. Ramón Rodríguez Herrera

La satisfacción más grande es que mi programa hecho más que los canales de televisión, programas de radio y políticos, porque soy el único que está enfocado en darle una cachetada a la pobreza.

Uno de los secretos mejor guardados de los estadounidenses es que todos ellos abren compañías, y las ventajas que ofrece abrir una compañía son muchas. Por ejemplo, las pequeñas compañías pueden tomar préstamos a bajos intereses; muchos gobiernos les dan dinero gratis, como el PPP loan, que es un préstamo que te lo dan y luego te lo perdonan. Es decir, abrir una compañía le permite a usted posicionarse mejor financieramente, ya que el 65% de la economía de este país depende de las pequeñas empresas.

Si usted quiere tener una vida más cómoda y mejor, abra una compañía y verá cómo se va a beneficiar de todo lo que el gobierno hace por las mismas. Por ejemplo:

Direcciones de los sample sales:

New York
Soiffer and Haskin
317 West de la calle 33, 2do piso- no lleve bolsos grandes si los lleva tendrá que registrarlos.

260 Sample Sale
1517 3rd Ave

2151 Broadway · 260 5th Ave
261 5th Ave
260 5th Ave
148 Lafayette St
468 Broadway
477 Broome St

Los Angeles
477 Broome St

Miami
2450 NW 2nd Ave

Texas 260 Sample Sale
5370 W Lovers Ln Suite 322, Dallas, TX
3152 Harwood Rd, Bedford, TX

Chicago 260 Sample Sale
51 E Ohio St, Chicago

Muchos me han preguntado cuál ha sido el secreto de mi éxito y siempre les digo: yo nunca desmayo en mi oración, porque todas las batallas las he ganado de rodillas. Aprendí a buscar a Dios de rodillas y que sea su voluntad y no la mía.

Dr. Ramón Rodríguez Herrera

AUTODEPÓRTESE
SI NO HA AVANZADO EN
30
AÑOS EN E.U.
RAMÓN RODRIGUEZ

La Energía de la Mente es la Esencia de la Vida.

Aristóteles

Sobre el Escritor, Dr. Ramón Rodríguez Herrera.

El Dr. Ramón Rodríguez Herrera ha dedicado muchos años de su vida a las áreas de entrenamientos, a empleados de empresas privadas y públicas en él protocolo, imagen, vinos y colorimetría. Sus talleres abarcan el área de protocolo social, gerencial, de negocios, diplomático e internacional, vinos, colorimetría y tardes de té. Además, sus talleres ayudan a las empresas a exceder las expectativas del cliente. Él ha llevado sus talleres a 5 continentes y diferentes universidades y empresas públicas y privadas.

Estudió una licenciatura en Administración Hotelera en New York City Technical College, dos Maestrías en Psicología en Brooklyn College y estudió Design Thinking y Política en la Universidad de Harvard, además se graduó en protocolo en la escuela más prestigiosa del mundo "The Protocol School of Washington" donde aprendió protocolo diplomático, social y de negocios, estudió imagen en The Fashion Institute of Technology (FIT), tardes de Té en Dorothea School y Colorimetría en New York Resource Center.

Por tres años consecutivos estuvo en "The National Dean's List", es la lista de las universidades donde aparecen los mejores estudiantes de los Estados Unidos. Estuvo en la lista Dean de New York City Technical College por su alto índice académico.

En el 2008 creó, para la famosa cadena de hoteles Four Seasons, el entrenamiento "Wao Me If you Can", la que hoy día se utiliza en más de 150 hoteles en el mundo y 5 continentes, incluyendo el entrenamiento a los 750 empleados del hotel Four Seasons en New York.

Ramón Rodríguez Herrera ha entrenado en las áreas de protocolos a personalidades en la política, artistas, empresarios y público general.

En el 2017 ganó el premio más importante del mundo en las áreas de vinos otorgado por la prestigiosa revista Wine Spectator por la creación de la lista de vinos. Este es un premio equivalente a un Óscar, pero en la industria de restaurantes en el mundo. Estudió vinos en la región de Burdeos y Champagne en Francia, España, Italia y New York. Ha recibido reconocimiento de la Universidad de Baruch College, Universidad O&M, Gobernación de Tenares, Ydanis Rodríguez, New York City Council, Embajada de Ecuador en New Jersey, y escuelas públicas en New York.

Estuvo por muchos años trabajando para la semana de modas de New York Mercedes Benz Fashion Week donde asistió a los mejores diseñadores del mundo para que sus pasarelas fueran de acuerdo al evento y al estilo de la estación. Además, trabajó para la prestigiosa cadena de hoteles Four Seasons en New York y la Universidad de Columbia.

En el 2020 fue candidato al congreso por el distrito 13 en New York.

Ha aparecido en los medios más importantes de los Estados Unidos, Univisión, Univisión Radio, Telemundo y Mundo Fox. En Despierta América estuvo explicando el protocolo en los espacios. Trabajó para la Cadena Mundo Fox en su segmento "Tu Imagen al Día". Además, canal 11 PIX en New York. Se ha destacado en Telemicro Internacional en muchos programas y ha escrito para el afamado periódico Listín Diario en República Dominicana sobre Protocolo en la Intimidad, ha escrito para la revista Por lo Alto y My Lifestyle en los Estados Unidos. Por su programa educativo en las redes sociales ha aparecido en varios medios, americanos como Yahoo, Yahoo Finance, Herald Tribune, Business Insider, Boston Herald, Trending News, Wall Street Select, International Business, The Pilot News, Factor Éxito, Revista Enfoque y muchos más.

En mayo del 2023 el Senado de California le dio el máximo galardón por su Libro, "El Código de Tu Imagen" y el segundo reconocimiento fue la insignia de oro, además fue el primer latino en la historia en recibir estos dos reconocimientos. También una de las editoras más importantes de los Estados Unidos, llamada Jóvenes Escritores Latinos, #JEL, le otorgó un reconocimiento por su libro "El Código de Tu Imagen". En el 2025 terminó su Doctorado en Ciencias, Artes y Culturas.

Made in the USA
Columbia, SC
31 May 2025

58487632R00153